Black Atlantic:

Andere Geographien der Moderne

d|u|p

11

Düsseldorfer Kunsthistorische Schriften

Herausgegeben vom Kreis der Freunde des Instituts für Kunstgeschichte der Heinrich-Heine-Universität Düsseldorf

Gabriele Genge

Black Atlantic: Andere Geographien der Moderne

d|u|p

Bibliografische Information der Deutschen Nationalbibliothek
Die Deutsche Nationalbibliothek verzeichnet diese Publikation in der Deutschen Nationalbibliografie; detaillierte bibliografische Daten sind im Internet über http://dnb.dnb.de abrufbar.

http://www.dupress.de
Lektorat und Layout-Entwurf: Ingo Schultheiß
Umschlaggestaltung unter Verwendung von Caspar David Friedrich, Das Eismeer
Satz: Friedhelm Sowa, LaTeX
Herstellung: Druckservice HP Nacke KG, Wuppertal
Gesetzt aus der URW Classico
ISBN 978-3-943460-20-9

Inhalt

> *„After the Egyptian and Indian, the Greek and Roman, the Teuton and Mongolian, the Negro is a sort of seventh son, born with a veil, and gifted with second-sight in this American world,— a world which yields him no true self-consciousness, but only lets him see himself through the revelation of the other world. It is a peculiar sensation, this double-consciousness, this sense of always looking at one's self through the eyes of others, of measuring one's soul by the tape of a world that looks on in amused contempt and pity. One ever feels his two-ness,— an American, a Negro; two souls, two thoughts, two unreconciled strivings; two warring ideals in one dark body, whose dogged strength alone keeps it from being torn asunder."*[1]

In seiner bildmächtigen Video-Installation *True North* (2004) errichtet der Künstler Isaac Julien Szenarien einer Eiswüste in kühlem Weiß, Schwarz und Blau (Abb. 1): Schichtungen aufeinander lastender Felsmassive, das Weiß des Schnees vor hohem Horizont und durchsichtig schimmernde kuppelartige Innen-Räume aus Eis wechseln sich ab in einer fantastisch anmutenden filmischen Erzählung, die von der Entdeckung des Nordpols handelt: Im Jahr 1909 unternahmen der US-amerikanische Forscher Robert Peary und sein schwarzer Assistent Matthew Henson gemeinsam mit den Inuit Igloo, Eghingwah, Ooqueah und deren Anführer Uutaaq eine Arktisexpedition, bei der erstmals der geographische Nordpol erreicht worden sein soll.

Aus den publizierten Aufzeichnungen Pearys und Hensons ergeben sich unterschiedliche Deutungen des umstrittenen Geschehens: Der weiße Forscher verstand sein Tun als wissenschaftliches Projekt eines Einzelgängers, der seinen ungehinderten Erfolg einer optimal genutzten „Reisemaschine" bestehend aus Mess-Instrumenten, schwarzem Begleiter, Inuit und Schlittenhunden verdankte. Henson, sein schwarzer Begleiter, hob in seiner Darstellung *A Negro Explorer at the North Pole*[2] jedoch deutlich materielle und emotionale Unwägbarkeiten

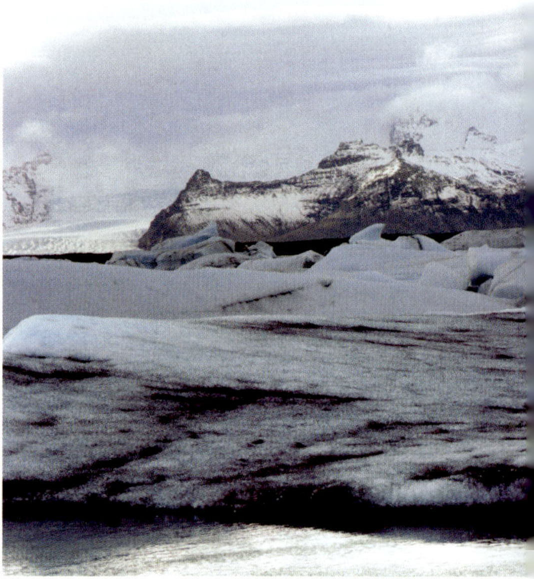

Abb. 1: Isaac Julien, True North Series, 2004

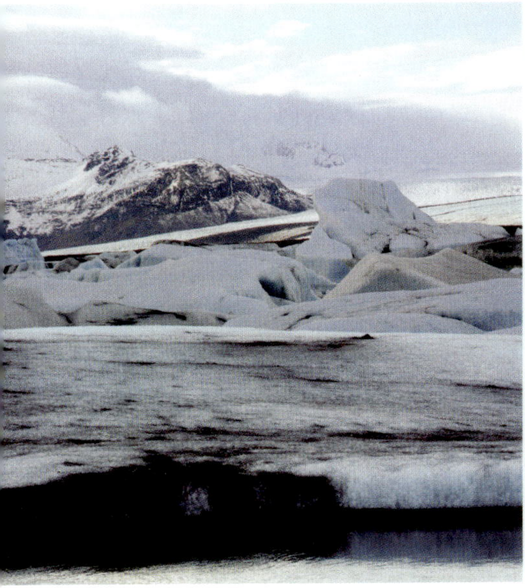
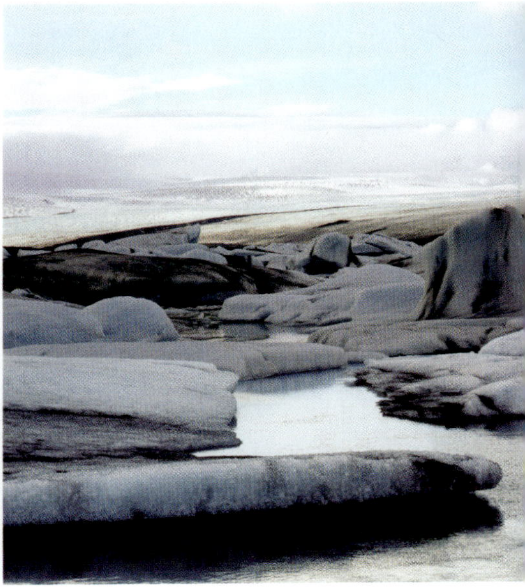

der Reise hervor, die gerade durch das Eintreten der scheinbar nur subalternen Nicht-Weißen bewältigt wurden. Er bezeugte überdies, seine Ankunft am Nordpol habe vor Peary stattgefunden, nochmals bekräftigt in einem Interview, das Isaac Julien die Grundlage seiner Arbeit lieferte.[3]

Juliens panoramaartige Großbildprojektionen, die mit mehrschichtigen Tonkulissen unterlegt sind, bieten keine vordergründige Nacherzählung des Entdecker-Epos, auch wenn eine flüsternde Off-Stimme von den Auseinandersetzungen zwischen Henson und Peary berichtet. Doch gerade jene Protagonisten sind kaum auszumachen, vielmehr tauchen in den weiten Landschaftsräumen vereinzelt Inuit mit Hunden auf, immer wieder abgelöst von Einstellungen, in denen ein junges schwarzes weibliches Model, gekleidet in schwarzen Pelz, glitzernde Schneedünen durchschreitet. Sie durchmisst das wie in Wellen gelegte weiße Terrain, schreitet schwer atmend als allegorische Entdeckergestalt einem hohen Horizont entgegen (Abb. 2).

Längere Passagen erstrahlen im Nebeneinander der Dreifach-Großprojektionen, erlöschen und fügen sich zu neuen vereinzelt dargebotenen Bildern realer Landschaften und sakral anmutender Eispaläste. Unschwer lässt sich erkennen, dass Julien die Brüchigkeit und den diskontinuierlichen Verlauf der dargebotenen Geschichte effektvoll inszeniert, um damit den fiktiven Charakter der historischen Begebenheit vor Augen zu rücken: Angesichts der Erhabenheit des dargebotenen Eismeeres und der sinnlichen Präsenz einer weiblichen Modeikone (Abb. 3) wird die Frage nach der authentischen Quellenlage obsolet: Sie ist es ohnehin, denn überaus deutlich werden wir darauf aufmerksam gemacht, dass jene Landschaftsbilder sinnliche Wahrnehmungen vermitteln, die in Geschichts- und Geographiebüchern keine Aufnahme finden. Die in den staatlich sanktionierten Texten verhandelte, kollektive Erinnerung beruht auf Ausblendungen, Überhöhungen der „weißen" Helden und der Suggestion von Objektivität, während die gezeigte erneuerte Erinnerung Juliens von Brüchig-

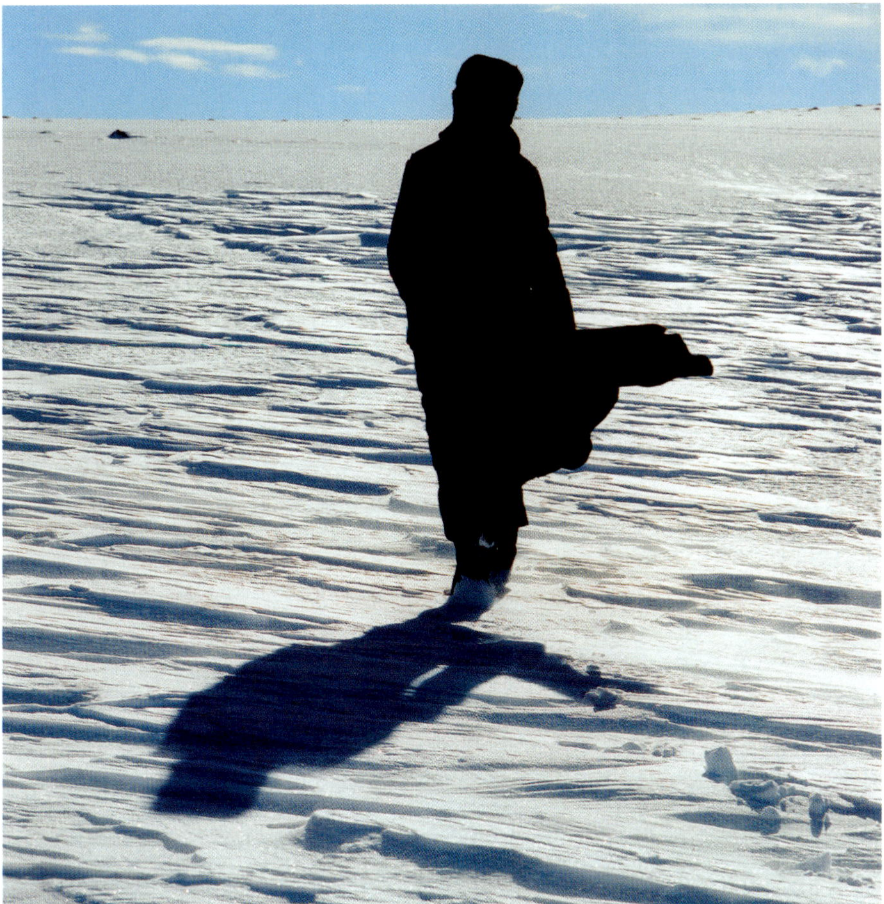

Abb. 2: Isaac Julien, True North Series, 2004

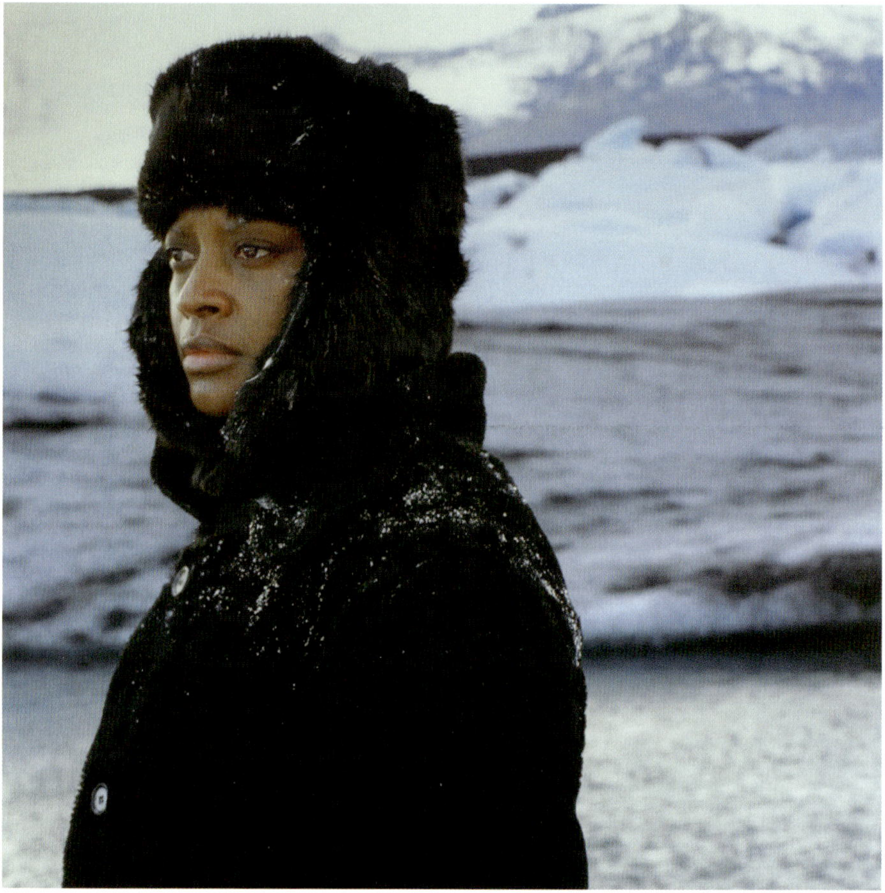

Abb. 3: Isaac Julien, True North Series, 2004

keit, sinnlicher Betörung und anonymen „schwarzen“ Stellvertreterfiguren bestimmt ist.

Offenkundig geht es Julien nicht um die verspätete Aufnahme des Schwarzen Henson in den elitären Kreis der sonst weißen Entdecker. Vielmehr führt seine künstlerische Arbeit vor Augen, dass territorial geprägten Raumideologien Körperfunktionen eingeschrieben sind, dass sie von spezifischen Körpern handeln und deren körperliche Wahrnehmung evozieren. Seine „andere“ Entdeckergeschichte ist mehrdimensional, berücksichtigt die raum- und identitätsbildende Kraft von Landschaftsarchitekturen, gewachsenen und gebauten Natur-Räumen im Zyklus natürlicher Zeitabläufe. Sie werden performativ erkundet, geschlechts- und „rassen“-spezifisch tierhaft körperlich wahrgenommen im Akt des Wanderns, Posierens, Tastens. Physiognomie und Kleidung der gezeigten Figuren liefern Imaginationen und Fiktionen ländlicher und urbaner Orte aus der Vergangenheit bis in die Gegenwart. Die sinnliche Wahrnehmung, die Julien überhaupt erst der Reflexion zugänglich macht, da er sie dem Sog der Erzählung stetig entzieht, vermag demnach andere, wenn auch nicht weniger problematische Erkenntnisse zu liefern, als jene instrumentell erzeugten „Wahrheiten“ der Wissenschaft.[4] Juliens Wahrnehmung von Landschaft, so zeigt sich nach und nach, verhandelt „weiße“ körperliche Präsenz, Besitzansprüche, Landnahme. Nicht zuletzt wird ihm die europäische Kunstgeschichte zum Reservoir westlicher Raum- und Naturvorstellungen. Durchaus plakativ greift Julien – ähnlich wie beispielsweise auch Gerhard Richter – auf künstlerische Vorbilder der europäischen Romantik zurück (Abb. 4), deren Einflussnahme auf die Raumwissenschaft und deren territoriale Ideologien im 19. Jahrhundert entscheidend war.[5] Er dekonstruiert aber auch Vorstellungen von vorgängiger menschlicher Natur, die sich stetig als Gebilde des bereits Gekannten, Erzeugten, industriell Vermarkteten und Modischen in den modernen Medien zu erkennen geben, zeigt das gestylte global präsente schwarze Model neben dem erhabenen Weiß eines romantischen Felsengebildes.

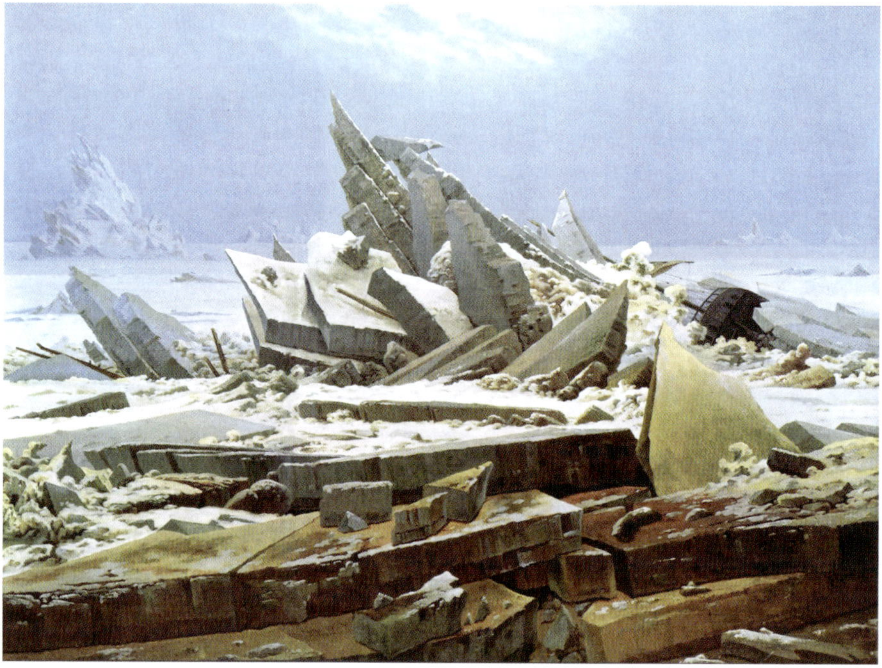

Abb. 4: Caspar David Friedrich, Das Eismeer, um 1823/1824

Mit seiner künstlerischen Re-Inszenierung der Nordpol-Expedition von 1909 schafft Isaac Julien einen transnationalen geographischen Bezugsraum, der kulturell geprägte Raumkonzepte, d. h. Topologien der Moderne und deren Verankerung im kolonialen Körper- bzw. Rassendiskurs sichtbar macht. Die im Video so sinnträchtige Farb-Metaphorik des Schwarz und Weiß verweist aber auch unmittelbar auf das postkoloniale Raummodell des *Black Atlantic*.[6]

Mit Paul Gilroys Rede vom *Schwarzen Atlantik* als einem gemeinsamen durch Kolonialismus und Sklavendeportationen geprägten Geschichtsraum zwischen Afrika, Europa und den Amerikas war ein entscheidender Schritt unternommen worden, jene abgeschlossenen Bereiche westlicher bzw. nichtwestlicher Moderne, die die Kolonialpolitik, vor allem aber auch die Wissenschaften etabliert hatten, zu öffnen. Es galt, zu einem flexibleren Modell zu kommen, das sowohl die Schrecken und Verbrechen des Kolonialismus und Imperialismus, aber auch die kulturellen Prozesse, Ereignisse und Erzeugnisse einer mehrhundertjährigen gemeinsamen Geschichte angemessen benennen konnte. Zum Untersuchungsgegenstand des *Black Atlantic* gehört mehr als die Unterdrückungsgeschichte und der Körperdiskurs des westlichen Rassismus. Vielmehr fordert Gilroy, sich den vielfältigen kulurellen Begegnungen, Kontaktaufnahmen und Handlungszusammenhängen zwischen den Kontinenten vor, während und nach dem historischen Zeitraum der großen Sklavenpassagen zuzuwenden.[7] Explizit berief Gilroy sich dabei auf jene bei W. E. B. Du Bois schon 1903 beschriebene Vorstellung einer „gespaltenen" schwarzen Identität der afrikanisch-amerikanischen Gesellschaft in den USA.[8] Die Ausweitung dieses Konstruktes, das aus erfahrener Missachtung eine neue Struktur entfremdeter Subjektivität schöpft, diente Gilroy als Vorgabe, eine kulturell hybride und prozesshaft erfahrene Auseinandersetzung mit dem Anderen zu umreißen, die gerade nicht panafrikanische und eurozentrische Konzepte, sondern vielmehr eine afrikanische Diaspora zu denken sucht. Er ersetzte damit – durchaus auch umstritten – eine durch den traditionellen Opfer-Täter-Diskurs geprägte Auseinandersetzung durch ein flexibleres Modell, das räumliche Interaktion, Formen von ästhetischer und politischer Teilhabe statt einseitiger Repression auch jenseits nationalstaatlicher Grenzen und gemeinsamer geographischer Lebensräume untersucht.[9] Insbesondere für die Kunstwissenschaft birgt die Frage nach der Moderne des *Black Atlantic* eine beträchtliche Herausforderung.[10]

Vor einigen Jahren wurde zu Recht die Rückständigkeit einer Kunstgeschichte beklagt, deren wissenschaftlicher Theorie und Praxis es obliegen müsste, in den kommenden Jahren adäquat mit den Anforderungen globaler Geschichte, globaler Kultur umgehen zu können.[11] Gleichzeitig trauten TheoretikerInnen des Postkolonialismus dem durchaus traditionell geprägten Fachbereich viel zu. Denn jenseits aller theoretischen Kritiken und Betrachtungen vermag es, so Kobena Mercer, gerade die Kunstgeschichte, kulturelle Verständigungsmittel und die ihnen inhärenten hybriden Bedeutungen zu analysieren, kulturelle Identitäten und ihre wirksamen Ausschließungen zu untersuchen, implizite Wahrnehmungsmuster und ihre hinderlichen Verkürzungen erkenn- und spürbar zu machen.[12]

Mit Blick auf die Kunstgeschichte der Moderne klaffen jedoch hinter dieser erfreulichen Feststellung Mercers die großen Lücken, die einem solchen Unterfangen globaler Kunstgeschichte entgegenstehen. Tatsächlich tat sich das Fach mit den großen Bezugsräumen, den globalen Geographien zunächst sehr schwer, obwohl seine traditionellen Forschungsgebiete neben Europa, Asien und den USA auch Teile Nordafrikas umfassten. Zwar ließ sich westliches Expertenwissen für die Beschreibung einer antik-paganen, christlichen oder muslimischen Vergangenheit einzelner kartographisierter bzw. kolonialisierter Staatsgebiete und Kulturregionen jenseits Europas durchaus rekrutieren. Doch schreckte das Fach vor den Deutungsmodellen einer multiplen Gegenwart zurück, die jene schönen parallelen Kunstwelten auch rückwirkend massiv in Frage stellen würden.[13] Leichter wäre es – wie oftmals intendiert – gewesen, eine universale Kunstgeschichte mit den etablierten Instrumentarien der Stilgeschichte zu bedienen.[14] Allerdings, ist zu bezweifeln, dass auf diese Weise die eurozentrischen Ausschließungsmodelle zu umgehen wären. Das Fach hat sich etabliert in jenen kolonialen Bezugsräumen, deren Abschottung heute beklagt wird, es hat die Geographien begründet, die Maßgaben staatlicher Identität in das Gedächtnis kultureller Differenz eingegraben haben.

Daher lohnt es sich, nun erneut – angelehnt an Paul Gilroys konzeptuellen Entwurf des *Black Atlantic* – in die Geschichte des Faches zu blicken, in jene Phasen des Umbruchs und der Unsicherheit, die noch vor den etablierten Lösungen des Lehrbetriebs und der universitären Institutionalisierung standen. Und es lohnt sich, Orte zu besuchen, an denen diese verwobene Geschichte sich abspielte, ohne dass bislang deren Wirken Eingang in Handbücher und Monographien gefunden hätte.

Isaac Julien, der 1960 auf der karibischen Insel Saint Lucia geboren wurde und seit 1983 vor allem in London seine künstlerische Arbeit fortführt, bietet bereits mit seinem Interesse an der Verflechtung der modischen, d. h. ephemeren Konnotationen globaler Moderne mit den kunsthistorischen Bildtraditionen des Westens Anhaltspunkte dafür, dass eine re-aktualisierte künstlerische Moderne des *Black Atlantic* auch neue Blicke in die historischen Schwellenbereiche der Kunst zwischen Magie, Wissenschaft und Alltagskultur wagen muss.

Fetische zu Hause und anderswo

Der Begriff des „Primitivismus" bot im Rahmen der Fachgeschichte ein bequemes Einfallstor, um kulturelle Differenz aus hierarchischer westlicher Sicht zu befestigen und den Gedanken an interaktive Formen kulturellen Verhandelns zu unterbinden. So galt lange Zeit als unumstößlich, dass die im Zuge des Kolonialismus erfolgenden Kontaktaufnahmen mit afrikanischer Kunst ausschließlich in den Händen westlicher Künstler lagen, die mit den Artefakten „unvoreingenommen" umgingen, sie „ästhetisch", d. h. ohne Bezug auf deren Kulturkontexte rezipierten. Die Kunstgeschichte hingegen, auch dies galt als gesichert, habe sich nicht um diese Gegenstände geschert bzw. sie als kulturdifferent abgelehnt.[15]

Doch liefern gerade die frühen Auseinandersetzungen der Kunstwissenschaft mit der sinnlichen Wahrnehmung von Artefakten, Dingen und Kleinskulpturen ein besonders prägnantes Beispiel dafür, dass nicht allein Abschottung und Unverständnis, sondern auch Psychologisierung und „Einfühlung" als Kategorien erster Annäherung an das Fremde galten. Formen kultureller Partizipation, Aneignung und politischer Einflussnahme über entfernte Kulturräume hinweg werden beschreibbar, die durchaus den Charakter transnationaler bzw. transkultureller Verhandlungen tragen.

Ein Beispiel liefern die u. a. aus Afrika entwendeten kleinformatigen Gegenstände und körperhaften Kleinskulpturen, die durch ihre Nähe zum kunstgewerblichen Artefakt bzw. Mobiliar die Wohnorte und Haushalte von Künstlern und Intellektuellen bestücken konnten. Sie konnten, im privaten Raum erlebt, inkorporiert werden und lieferten damit Vorstufen für die Inszenierung im Kunstmuseum. Sie mischten sich mit den eigenen Kulturträgern in scheinbar beiläufiger Weise, so dass sie Agenten einer Ethnographisierung des Eigenen, einer Form „inversiver Ethnographie"[16] werden konnten. Frühe Beispiele liefern neben den

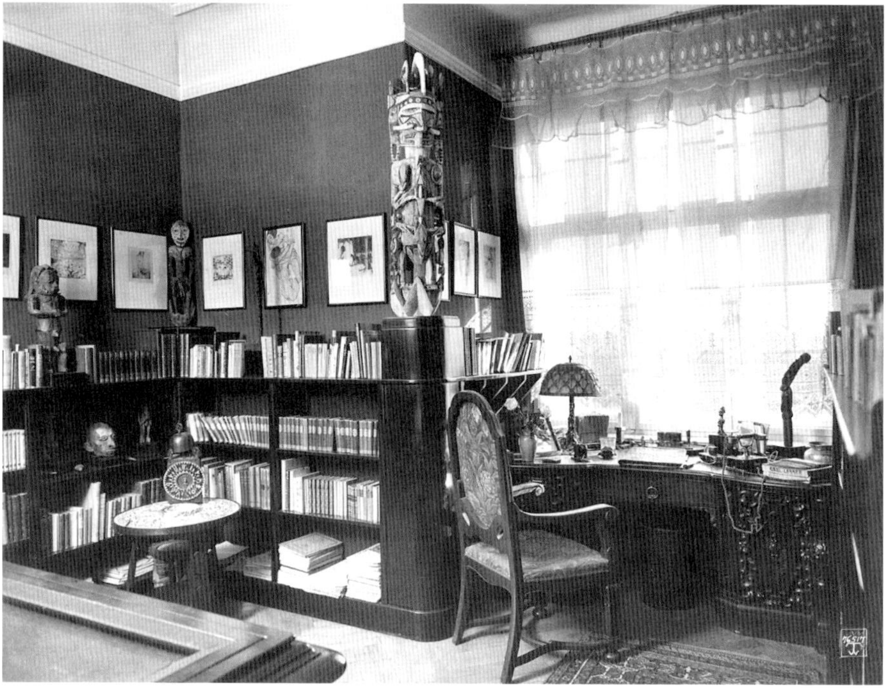

Abb. 5: Waldemar Titzenthaler, Arbeits- und Billardzimmer von Fritz Lang und Thea Harbou mit Bibliothek, Berlin 1924

Interieurs von Henri Matisse und der Brücke-Maler u. a. in den 1920er Jahren auch Fotografien von Wohnräumen deutscher Künstler, wie in jener verbreiteten Ablichtung des Arbeitszimmers von Fritz Lang und Thea Harbou (Abb. 5). Mit der Präsenz der Artefakte vermittelten sich affektive, „pathische" Konzepte in der visuellen Kultur des Westens, deren politische Anwendungsbereiche sich vom deutschen Expressionismus bis zum französischen Surrealismus aufzeigen lassen.[17]

In der Auseinandersetzung mit den fremdartigen Artefakten griff man teils auf etablierte Modelle der Kunstwissenschaft, teils auf psychologisierende Methoden zurück, die vor allem im 19. Jahrhundert Terrain im Bereich der Wissenschaft erobern konnten. Heinrich Wölfflins Dissertation von 1886 stellte einen ersten Versuch dar, Kunstwerken jenseits von künstlerbiographischen und kulturpolitischen Zusammenhängen zu begegnen, Volksgefühle in der Architektur und den Artefakten des Kunstgewerbes mittels einfühlungspsychologischer Methoden zu entdecken. Rhythmisch atmende Architekturen, schwere Materialien verbürgten den Betrachtenden die ästhetische Empfindung, das Sich-Hineinversetzen in scheinbar „fremde“ Gegenstände, die ihr räumliches Umfeld teilten und kulturelle Teilhabe versprachen.[18]

Ähnliche Verfahren waren zeitgleich in den ersten Projekten zu Völkerkunde-Museen zur Anwendung gekommen. Beispielsweise im ethnographischen *Musée de Trocadéro* in Paris suchte man die Vermittlung des Fremden in psychologisierenden Bedürfniskategorien zu fassen, die von Nahrungsaufnahme, Sexualtrieb bis zum religiösen Ritual reichten und den Besucherinnen und Besuchern den unmittelbaren Zugang zu fremden „Völkern“ über deren Exponate verschafften. Man begnügte sich jedoch nicht damit, Ritualgegenstände, Skulpturen und Gebrauchsgerät auszustellen. Die magische und leibhafte Nähe der außereuropäischen Erzeuger sollte – so der renommierte französische Kunsthistoriker Viollet-le-Duc ganz umstandslos – durch die Präsenz ihrer Schädel bewerkstelligt werden.[19] Wie Fritz Kramer gezeigt hat, wurde dieser Wunsch nach unmittelbarer körperlicher Teilhabe am kulturell Fremden vor allem auch in der deutschen Ethnologie, vertreten durch Gerd Bastian und Leo Frobenius, zur Leitmaxime.[20] Die hier beschriebenen diversen Verfahren der „Psychologisierung“ von Gegenständen suchten kulturelle Differenz in verschiedenster Weise zu bewältigen, zu lenken und zu instrumentalisieren. Hierbei handelte es sich keineswegs um pseudowissenschaftliche Untersuchungsmethoden. Vielmehr muss vor allem die Einfühlungspsychologie im Kontext von Phänomenologie und pragmatischer Philosophie als eines der einflussreichsten theoretischen Modelle verstanden werden, das die „ethnologischen Provokation“ im Bereich der etablierten Geisteswissenschaften verhandelte.[21] Was hier mit allerlei Aufwand und Rationalisierungsbemühungen geschah, war nichts anderes als die Auseinandersetzung mit einer grundlegenden Erfahrung der Moderne, der Kontingenz und Zufälligkeit von Geschichte und kultureller Identität: Mit der Säkularisierung und Fremdwerdung von Kultur im Rahmen von Industrialisierung und Fortschritt, aber auch von Kolonialisierung und Globalisierung entstand der Wunsch nach ethnographischer Begründung und Beschreibung kultureller, sinnstiftender Vermögen, die psychologische bzw. kulturelle Fremderfahrung bewältigen konnten.

Betrachtet man beispielsweise die Holz-Skulptur eines bärtigen Schmiedes (Abb. 6), der seine Hände unbeholfen mit der Axt erhoben hält, so erscheint sie zunächst als Figur, die einer volkskundlichen Sammlung entnommen scheint. Auf Betreiben von Karl-Ernst Osthaus, des Kunst-Mäzens, Begründers des Folkwang Museums in Hagen und Mitgliedes des Deutschen Werkbundes, hatte Ernst Ludwig Kirchner 1915 diesen holzgeschnitzten Schmied zu einem Wettbewerb eingereicht. Die Skulptur sollte den Bewohnern der Stadt Hagen zur damals üblichen Praxis der „Benagelung“ offeriert werden.[22] Dieses Ritual sah vor, dass für jeden in die Skulptur eingeschlagenen Nagel ein Geldbetrag für deutsche Kriegsverletzte und Hinterbliebene gespendet werden sollte. Zwar scheiterte das Vorhaben. Erhalten blieb jedoch Osthaus' pathetische Deutung dieser Figur: „Es ist keine Idealfigur griechischer oder italienischer Abkunft, sondern ein wettertrutzender Eichstamm, in den um die Kraft des Wuchses zum Symbol einer höheren zu machen, menschliche Züge derb und wuchtig eingehauen sind. (...) Es hat nichts Peinliches, in diesen Klotz, der nicht Mensch, sondern Eichbaum ist, Eiserne Nägel zu treiben, das Harte mit dem Härteren zu grüssen und zu häuten.“[23]

Kaum ist zu bestreiten, dass es sich bei Kirchners Figur um ein plastisches Bild, eine Skulptur im Sinne des kunsthistorischen Gattungsbegriffes handelt. Sie vermittelt ein künstlerisch gefertigtes Anschauungsbild, dessen stilistische Merkmale es als expressionistisches Werk kennzeichnen. Und doch war der

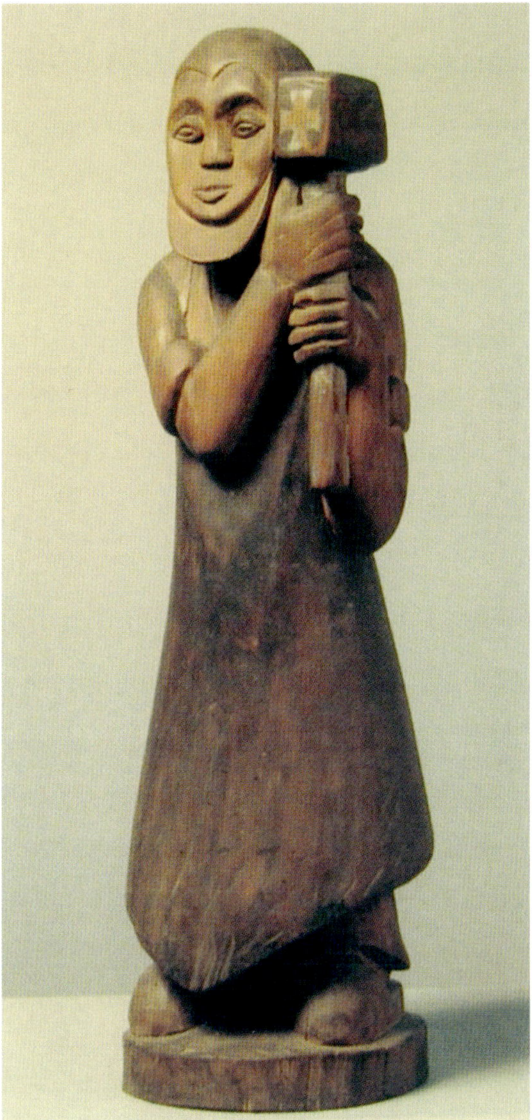

Abb. 6: Ernst Ludwig Kirchner, Eiserner Schmied, 1915

Schmied nicht für ein Museum gedacht, er sollte Teil eines performativen Rituals werden. Offenkundig spielte in der Deutung Osthaus' die tatsächlich bildhaft wahrzunehmende Gestalt kaum eine Rolle, vielmehr sprach er von einem Akt der Verlebendigung, der sich im gewaltsamen Agieren gegen die widerständigen Kräfte des hölzernen Materials äußerte, in dem die sogenannten „menschlichen Züge" zweitrangig und keineswegs abbildhaft zu deuten wären. Wollte man nun die ästhetischen Bezugspunkte dieses Werkes benennen, so müsste man sich eingestehen, dass das, was man zunächst als Bildwerk vereinheitlichen wollte, sich in medialen Praktiken vervielfältigt, es scheint ein materialästhetisch bestimmbares hölzernes Artefakt zu sein und erstaunlicher noch, es erhält die Konnotationen eines magischen Objektes, das in kollektiven Ritualen handelnd inszeniert werden soll.

Karl-Ernst Osthaus gilt als einer der ersten, der Künstler der Brücke mit ihren Gemälden und Skulpturen ausstellte. Doch seine Sammlungsinteressen waren bei weitem umfassender, sie führten um 1900 eine Reihe von Künstlern zusammen, die eines gemeinsam hatten: Sie waren ähnlich wie Osthaus selbst Adhärenten der oben beschriebenen neuen Kunstauffassung, die eine Verbindung von Kunst und Leben anstoßen wollte: Die leibhaftige Erfahrung von Kunstwerken in der unmittelbaren Wohn- und Arbeitsumgebung war ebenso angestrebt wie die auf diese Weise ermöglichte psychologisierende Kontaktaufnahme mit nicht-europäischen Kulturen. Neben den Kleinskulpturen Paul Gauguins und Aristide Maillols zählten zu Osthaus' Ankäufen auch die frühen objekthaften Arbeiten Ernst Ludwig Kirchners und Erich Heckels, allesamt inspiriert von Präsentationen und Exponaten aus den französischen und deutschen Völkerkundemuseen. Es verwundert daher auch nicht, dass er als Museumsgründer wohl erstmals afrikanische Skulpturen neben Werken des Expressionismus ausstellte,[24] schätzte er doch die fremden wie die deutschen Erzeugnisse als Ausweise einer „Volksgemeinschaft", als Ritualobjekte einer auf diese Weise unmittelbar zugänglichen Kultur. Seine Sammlungskonvolute stammten von dem französischen Sammler Paul Guillaume bzw. von den deutschen Afrika-Expeditionen Leo Frobenius', die er ab 1914 durch einen Kontakt August Mackes erworben hatte.[25]

Die Beseelungsfloskeln von Osthaus und seine Weise, das Kunstwerk zum magischen Objekt zu erklären, können durchaus von Methoden der Einfühlungspsychologie beeinflusst sein. Wesentlich deutlicher tritt hier jedoch die Überlagerung durch völkerpsychologisches, ethnographisches Vokabular hervor, das vor allem in seiner Orientierung am Irrationalen, Magischen strukturell den Fetischismus und seine moderne Rezeption im Westen berührt. Der Fetisch-Begriff, jüngst erneut in die Forschungsdiskussionen gerückt – wurde bereits in frühen Texten des 16. Jahrhunderts, d. h. in vorkolonialer Zeit, von portugiesischen Handlungsreisenden auf westafrikanische Kult-Objekte angewandt. Das Wort „fetisso" selbst ist bereits ein Konglomerat westafrikanischer und portugiesischer Herkunft, in dem das lateinische „factitius", d. h. künstlisch hergestellt, eingebracht ist.[26] Die oftmals von protestantischen Reisenden verfassten Berichte beschrieben mit dem Begriff zunächst Formen der Idolatrie, die von Anfang an Bezüge zum katholischen Reliquienkult herstellten.[27] Die abwertende wissenschaftliche Rezeption erfolgte mit der Zuordnung zu Vorstufen des Religiösen erst mit der Aufklärung, zeitgleich mit der westlichen Etablierung autonomer Ästhetik. Im 19. Jahrhundert erlangte der Begriff aufgrund seiner Polarität zu akademischer Ästhetik u. a. bei Charles Baudelaire und Octave Mirbeau enthusiastische Wertschätzung, wurde jedoch im Dictionnaire Larousse von 1872 nach wie vor als magische Verehrung der „Wilden" für wertlose Objekte beschrieben, wenn auch bereits behutsam stärker universalisierend eine krankhafte Form des Materialismus darin entdeckt wurde.[28] In Ethnologie,[29] (Sexual)-Psychologie und marxistischer Theorie erhielt der Fetischismus bald ein enormes Prestige. Man hoffte, den irrationalen bzw. pathologischen Formen der Dingverehrung und Entfremdung mit aufklärerischer, säkularisierter Vernunft selbstbewusst entgegentreten zu können.[30]

Dies gelang nur bedingt und war überdies, u. a. im Rahmen einfühlungspsychologischer Praxis keineswegs allgemeine Wissenschaftsmaxime, denn gerade die affizierte Einbindung, die Überlassung an sinnliche Emphase und die Beschreibung der lebendigen Einflussnahme von Kunstwerken gehörten hier zu den geschätzten Vermögen, die es auszubilden galt. Hier kam es bereits zu überlagernden Interessen der Kunstwissenschaft und Ethnographie bzw. Ethnologie, denen insbesondere August Schmarsow sich in der Nachfolge Heinrich Wölfflins widmete. Der Lehrer Aby Warburgs verknüpfte in seinen kunstpsychologischen Untersuchungen bereits ansatzweise phänomenologisch ausgerichtete Deutungen der Körper-Wahrnehmung mit Betrachtungen zur Rolle kultureller Fremdwahrnehmung, ebnete wie Alois Riegl auch die strenge Unterscheidung angewandter und bildender Künste ein.[31]

Die traditionellen Gattungsbestimmungen des Kunstwerks, aber auch die üblichen Beschreibungen autonomer Kunsterfahrung weichen demnach wie beschrieben schon um die Jahrhundertwende einem vervielfältigten Vokabular visueller Kultur, das mediale Bestimmungen der Kunst nutzte, Praktiken der Kunstwahrnehmung entwarf, die erst mit dem methodischen Instrumentarium der Ethnologie adäquat zu analysieren schienen. Was Kunstwerk, d. h. Bild, und was verlebendigtes Artefakt, magisches Ding oder Fetisch sein sollte, ließ sich nicht mehr in jenen eindeutigen Grenzen festlegen, die der westliche akademische Diskurs seit dem 15. Jahrhundert stetig neu zu fassen gesucht hatte.[32]

Erst jüngst unternimmt es die kunstwissenschaftliche Forschung, jene transgressiven Phänomene genauer zu untersuchen, die vor allem mit der stärkeren Ausprägung rationaler Episteme im Rahmen universitärer Institutionalisierung keine Rolle mehr spielen durften, bzw. durch politische Ächtung zu Recht in Verruf gekommen waren.[33] Die erneuerten Ansätze zur aktivierenden Kraft von Bildern und Artefakten sind meist implizit begleitet von den eigenwilligen Schriften des Soziologen Bruno Latour. Mit ihm erhielt die Frage nach dem Status von Dingen und ihrer „magischen“ Eigenmacht im Rahmen gesellschaftlicher und wissenschaftlicher Systeme effektvolle Aufmerksamkeit. Sein u. a. an der Technikgeschichte belegtes Unterfangen gipfelt in der bestechenden These, dass jene moderne, scheinbar funktional beherrschte Welt der Artefakte nicht sozial bzw. kulturell konstruiert, sondern weit eigenständiger und unkontrollierbarer ist als angenommen. Damit musste nicht nur ein Grundsatz modernen Weltverständnisses, sondern ebenso interkultureller Differenz ins Wanken geraten, d. h. „sind wir nie modern gewesen?“[34]

Paris–Dakar

Was Bruno Latour in durchaus drastischer Überzeichnung nahelegt, seine Überlegungen zu einer „symmetrischen Anthropologie“ der Artefakte, bekräftigt in gewisser Weise auch, dass die scheinbar gesicherten Grenzen europäischer Kunstgeschichte der Moderne schon immer durchlässiger waren als angenommen wurde. Dies gilt jedoch auch vice-versa für eine panafrikanische Kunstgeschichte der Moderne, die ihren Anfang im Paris der 1930er Jahre nimmt.

Ähnlich wie in Deutschland hatte in Frankreich bis in die 1920er Jahre die Auseinandersetzung mit den Artefakten der Kolonialgebiete vornehmlich im Rahmen von Kunstwissenschaft, Kunstkritik und Ethnographie stattgefunden. Sie blieb vorrangig gekoppelt an die musealen Sammlungen und ihre Präsentation, wobei Künstler wie Paul Gauguin und Aristide Maillol die fetischisierenden Qualitäten ihrer Kleinskulpturen und Artefakte ab Beginn der 1880er Jahre zunächst aus Vorbildern südamerikanischer Skulptur entwickelten.[35] Die Rezeption afrikanischer Vorbilder blieb jedoch deutlich länger rassenanthropologisch geprägten Lesarten und damit dem repräsentierenden Medium des Bildes unterworfen: Picassos Bild *Démoiselles d'Avignon* von 1907 ist dafür sicher eines der bezeichnendsten Beispiele. Weibliche Figuren riefen – im Gewand akademischer Aktmalerei – kulturelle Differenz mit Mitteln primitivistischer Sexualisierung auf. Ihre verstörenden Maskengesichter rekrutierten sich aus iberischen und afrikanischen skulpturalen Vorlagen, doch blieben die objekthaften Assoziationen Teil eines „grotesken“ Körperverständnisses, das traditionell für die westliche Rezeption des Primitiven eine Rolle spielte.[36] Hier war angelegt, was sich zu einer regelrechten Begeisterung für die afrikanische Skulptur nach dem Ersten Weltkrieg in Paris äußern sollte: Eine nunmehr hybridisierte „Neger“-Mode, die ab 1925 mit den Auftritten Josephine Bakers einen Höhepunkt feierte. Man Rays Fotografien liefern die schillerndsten Zeugnisse einer bildhaften Interaktion von Schwarz und Weiß (Abb. 7), die mittels Verklei-

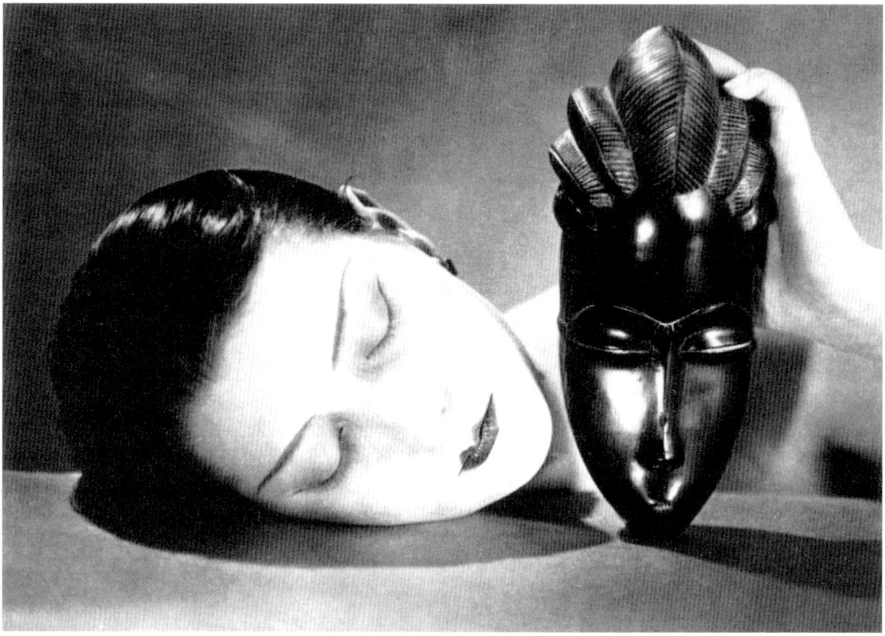

Abb. 7: Man Ray, Noire et Blanc, 1926

dungen und Maskierungen eine theatralische Zurschaustellung surrealistischer Verfremdungstechniken feiern: Der weibliche Körper dient als weißer Gegenpart der dunkelfarbigen Artefakte, die erst in der Berührung bzw. im visuellen Vergleich skulpturale künstlerische Qualitäten erlangen. Die Figuren bleiben im Bann eines Rassenbegriffes, der sie konnotiert. Tatsächlich setzte sich hier eine Tradition physiognomischer Parodie fort, die in den USA mit den „Minstrels" begonnen hatte: Weiße Revuestars traten bereits im 19. Jahrhundert in Zirkus und Theater als Schwarze auf, bevor diese selbst überhaupt die westlichen Bühnen betreten durften. Sie parodierten deren Aussehen mit geschwärzten Gesichtern und aufgemalten grotesken Physiognomien, dem sogenannten „Black Face".[37]

Ganz wesentlich am Begriff der „art nègre" war, dass damit nicht eine neue künstlerische Stilrichtung, sondern eine Mode benannt wurde, die „wie ein Virus" in Paris um sich griff. Es mag merkwürdig anmuten, mit der „Negerkunst" einen Stil in Kleidung, Musik, Design, Sport, Wissenschaft und Theater zu beschreiben, doch wird damit Rezeptionsweise und Deutung auch vollständig erkennbar: Die Kunst von Schwarzen unterschiedlichster Herkunftsorte wurde auf diese Weise in den von der künstlerischen Moderne definierten Raum der Maskierung, des Oberflächlichen und Beiläufigen, des Transitorischen, im Sinne von Charles Baudelaires berühmter Moderne-Deutung gestellt. Das chronotopische Modell der traditionsgesicherten westlichen Moderne mit ihren Versprechen von Ewigkeit blieb ungestört, die Mode wurde wie bereits in Hochzeiten der akademischen Lehre zum Terrain kultureller Alterität, der Bereich der Mischung und Unklarheit, dem ein moderner Kunstbegriff verwehrt blieb.[38]

Daran ändert auch nicht, dass mit dem Surrealismus und seiner Vorliebe für Überschreitung und Dekonstruktion kultureller Konventionen eine enge Verknüpfung zur „art nègre" erfolgte. Autoren wie Georges Bataille und Michel Leiris interessierten sich zunächst nicht vorrangig für die afrikanischen bzw. afrikanisch-amerikanischen Artefakte und Protagonisten. Sondern sie waren vor allem fasziniert von deren kolonialer Verortung in einem tabuisierten gesellschaftlichen Unbewussten des Westens, das zum Terrain der Ethnologie gehörte. Seit der Erneuerung der musealen und wissenschaftlichen Ethnologie, u. a. der Einrichtung des Institut d'Ethnologie im Jahr 1925, vertreten durch Lucien Lévy-Bruhl, Maurice Delafosse, Marcel Griaule, Paul Rivet, und der Übernahme des Musée d'Ethnographie durch Paul Rivet gemeinsam mit seinem Assistenten Georges-Henri Rivière, entstand hier ein modernisierter Nukleus kulturanthropologischer Forschung, der insbesondere kulturvergleichend operierte.

Deren durchaus selbstkritische Reflexion soziologischer Prozesse und ethnologischer Methoden unter Einbezug einer Ethnologisierung des Eigenen stellte zwar das koloniale Projekt nicht in Frage. Doch erarbeiteten die Wissenschaftler insbesondere auch neue Zugänge zur Ausstellung, Historisierung und Musealisierung ethnologischer Artefakte. Dass sich auf diese Weise Kontakte auch zu Exponenten des Surrealismus ergaben, die vorgaben, mit Emphase Grundlagen bürgerlichen Bildungswissens und kollektiver Normen zu dekonstruieren, mag auf der Hand liegen. So war Georges-Henri Rivière Mitherausgeber der surrealistischen Zeitschrift *Documents*, die sich u. a. unter der Ägide Georges Batailles mit ausgeprägtem Interesse der sexuellen bzw. ethnologischen Fetischismus-Thematik, ihrer scheinbaren Rationalisierung und deren gesellschaftlich tabuisierten Überschreitungen im Medium des Bildes widmete.[39] Die Problematik des Surrealismus bestand jedoch vor allem wohl darin, dass jene Nähe zur staatlich geförderten Ethnologie ihre Vereinnahmung in das zivilisatorische Projekt des Kolonialismus bald einschloss, wie bereits Michel Leiris' Teilnahme an der berühmten, von Marcel Griaule organisierten Expedition Dakar-Dschibuti im Jahr 1931 zeigte. Tatsächlich schöpfte auch Marcel Griaule, der Mauss-Schüler, aus der so wirksamen Überblendung der Ethnologie mit arrivierter moderner Kunst und Kultur jene Öffentlichkeitswirksamkeit, die ihm die Finanzierung des staatlich unterstützen Expeditions-Projektes erlaubte.

Was er dort zu finden hoffte war nun allerdings nicht die zeitgenössische Kunst und Kultur Afrikas, sondern vielmehr jenes mythische Land der Dogon, im heutigen Gebiet zwischen Mali und Guinea, von dem bereits der US-amerikanische Schriftsteller, Reisende und Okkultist William Seabrook in seinem Buch *Jungle Ways* 1931 berichtet hatte. Die Masken der Dogon seien, so Seabrook, kubistischen und surrealistischen Kunstwerken ähnlich.[40] Beschäftigten sich nun Marcel Griaule und Michel Leiris mit den afrikanischen Artefakten und ihren gegenwärtigen Erzeugern, so lösten sie vor allem ein Versprechen der Ethnologie ein, betrieben ahistorische Gegenwartsanalyse, wenngleich mit dem staatstragenden Impetus einer inzwischen arrivierten Wissenschaft. Folgerichtig war die Reise ins Land der Dogon nur scheinbar eine, die in die Zeitgenossenschaft von Josephine Baker führte. Tatsächlich suchte man die geschichtlichen Ursprünge der eigenen surrealistischen Moderne bzw. die Bestätigung einer Wissenschaftsmethode, die aus der gegenwartsbezogenen Analyse die universalen Gesetze einer unbefragten und unbekannten Geschichte erarbeitete. Nicht nur Westafrika, sondern der ganze Kontinent konnte in abstrakter Deduktion zum Experimentierfeld werden, das im Absehen von einer bereits stattgefundenen gemeinsamen Geschichte eine scheinbare Gegenwärtigkeit erzeugte. Dies zeigen vor allem die Tagebücher von Michel Leiris, die das eigene Tun als disparat, manisch und die Wissenschaftspraxis als tastendes, im Unklaren verbleibendes und von eigenen Trieben gesteuertes Verfahren erkennbar machen, das konfrontiert mit dem Anderen versagen musste.[41] Was blieb war ein geschichtsloses „Phantom Afrika", dessen koloniale Gegenwart beschämte und irritierte und dessen andere Geschichte eine der surrealistischen Deutungen war. Bezeichnenderweise zierte seine Publikation *Afrique Phantôme* jene Dogon-Maske eines „Mädchens", die ihn ob ihrer dezidiert formlosen Ähnlichkeit so fasziniert hatte (Abb. 8).[42] In ihrer aus Kauri-Schnecken gewebten Flächigkeit zeigte sich auf perfekte Art und Weise die Differenz zu einer „westlichen" Vorstellung vom Gesicht. Später hatten Gilles Deleuze und Félix Guattari davon inspiriert das Christentum für jene verderbliche Aufwertung des Gesichtes zur körperhaften Macht der Subjektbildung verantwortlich gemacht. In

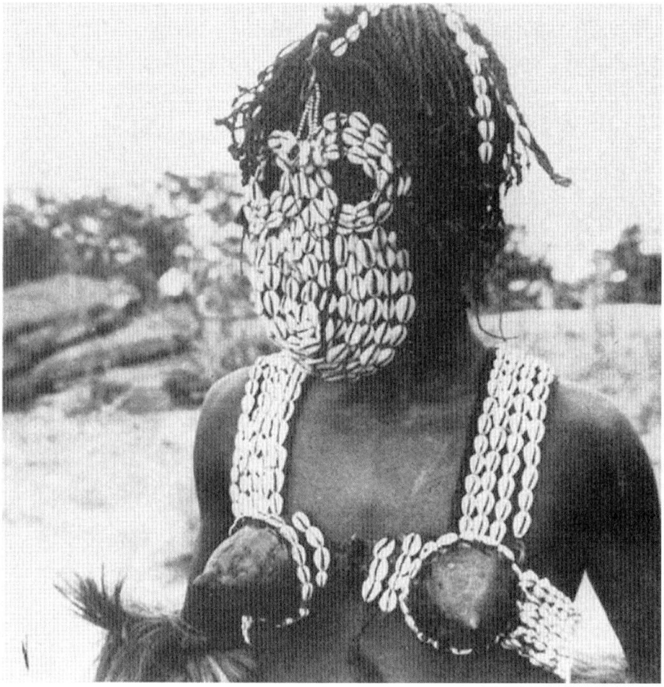

Abb. 8: Marcel Griaule, Dogon-Maske mit Brustgurt, vor 1930

der Verbreitung jener physiognomischen Körperdeutungen, aus denen insbesondere die Rassentheorien ihre Suggestivkraft entwickelten, sei, so die beiden Autoren, die „imperialistische Vereinnahmung des außereuropäischen Raumes via der abstrakten Maschine zur Erschaffung des Gesichtes" erkennbar. Die Dogon-Maske hingegen befremdet durch jene durchlöcherte Fläche, die ohne Bezug zum Körper bleibt und bietet jene reduzierteste und vom Körper selbst vollständig gelöste Form eines Gesichtes, von der Deleuze und Guattari schreiben werden: „Wir können folgende Unterscheidung treffen: das Gesicht ist Teil eines Systems Löcher-Oberfläche, durchlöcherte Oberfläche."[43] Jene rein ornamenthafte Gesichtsbildung gilt als die „primitive", denn: „Die Primitiven mögen die menschlichsten, schönsten und vergeistigsten Köpfe haben, sie haben kein Gesicht und brauchen auch keins."[44]

Wurde die afrikanische Skulptur in diesen Kontexten als sichtbarer Ausdruck eines transgressiven „primitiven" Unbewussten in den Ritualen und Spektakeln westlicher Moderne gefeiert, so gab es jedoch auch andere Rezipientenkreise, die in der Kunstgeschichte der Moderne seltsam ausgeblendet wurden. Die US-amerikanische Panafrikanismus-Bewegung hatte ähnliche Beweggründe wie Josephine Baker, in den 1920er Jahren nach Paris zu kommen. Paris war Zentrum einer europäischen schwarzen Diaspora, die Künstler, Autoren und Politiker aus Afrika, der Karibik und den USA vor allem wegen der dort scheinbar nicht vorkommenden Rassendiskriminierung anzog.[45] Führende Mitglieder wie der bereits erwähnte W. E. B. Du Bois und Marcus Gravey fanden hier einen europäischen Gründungsort für ihre Bewegung. Mit der Veranstaltung des ersten panafrikanischen Kongresses im Jahr 1919, u. a. als Gegenveranstaltung zur Konferenz von Versailles mit dem Vorsitz Du Bois' und Blaise Diagnes' geplant, erfolgten erste Schritte einer politischen Befestigung panafrikanischer Kulturidentität.[46] Einige Jahre später formuliert Du Bois in einem berühmt gewordenen Statement den Panafrikanismus folgendermaßen: „Pan-Africa means intellectual understanding and cooperation among all groups of Negro descent in order to bring about at the earliest possible time the industrial and spiritual emancipation of the Negro peoples."[47]

Entscheidend für die panafrikanische ästhetische Rezeption der afrikanischen Artefakte war jedoch vor allem die Ankunft schwarzer Künstler aus den USA in Paris, Angehörige des von Alain Locke mit einem Manifest 1925 begleiteten New Negro Movements bzw. der Harlem Renaissance.[48] Sie trafen in den Pariser Museen und Galerien auf jene Kunstwerke, die sie als ästhetische Modelle eines neuen kulturellen afrikanischen Selbstbewusstseins betrachteten. Bereits in Alain Lockes Verständnis war nicht störend, dass die verbrachten Objekte aus kolonialen Kontexten stammten und deren Präsentation und Rezeption eben jene ethnographische Rahmung auch sichtbar machten. Vielmehr erkannte er in deren aktueller Zugänglichkeit gerade Belege für ein modernes kulturelles Erbe, dessen sinnliches Aktivierungspotential eine bis dahin nicht existente panafrikanische Rezeption überhaupt erst hervorbringen konnte, wie er selbst emphatisch darlegt: „(...) the sensitive artistic mind of the American Negro, stimulated by a cultural pride and interest, will receive from African art a profound and galvanizing influence."[49] In der Fotografie des afrikanisch-amerikanischen Künstlers James L. Allen, entstanden um 1930 (Abb. 9), wird jene

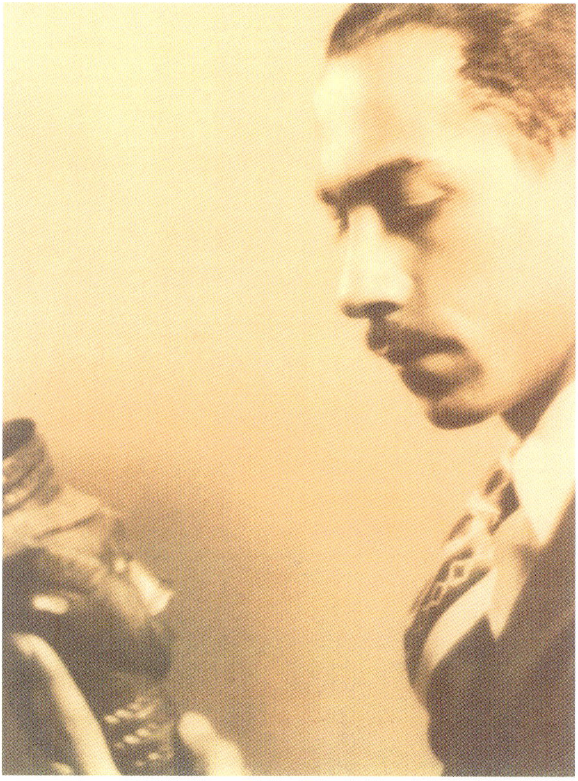

Abb. 9: James L. Allen, Porträt von James Lesesne Wells, um 1930

Kontaktaufnahme in der Interaktion des Künstlers James L. Wells mit einer kongolesischen Porträtvase eindringlich inszeniert. Wells studierte zeitgleich mit Locke an der Howard University, der Fotograf Allen gehörte zu den wichtigsten Mitstreitern Lockes im New Negro Movement. Es kann angenommen werden, dass Lockes so deutliche Hinweise auf die affizierende Rolle der afrikanischen Skulptur hier eine unmittelbare Umsetzung fanden: Weniger geht es, wie bei Man Ray, um das Nebeneinander zweier kultureller bzw. anthropologischer Entitäten, vielmehr ist ein veritabler Akt der Beseelung zu sehen: Im Sehen und Tasten konstituiert sich „einfühlungspsychologisch" das panafrikanische intellektuelle Betrachtersubjekt, das quasi seinen eigenen Geburtsakt zelebriert. Die Intimität der nahansichtigen Fotografie, die den Künstler in klassischer Denkerpose und westlichem Anzug fasst, wird durch die malerische Flächigkeit des Hintergrundes bestärkt: Ästhetische Wahrnehmung und kulturelle Identitätsstiftung scheinen hier eins zu werden. Dennoch, Locke beharrt auf der Trennung beider Deutungen und gibt sich damit als Kenner der universalisierenden und elitistischen Ansprüche der künstlerischen Moderne zu erkennen, in die er die afrikanische Skulptur selbstverständlich einordnet: „African art has two aspects (. . .) It has an aesthetic meaning and cultural significance. What it is as a thing of beauty ranges it with the absolute standards of art and makes it a pure art form capable of universal appreciation and comparison; what it is as an expression of African life and thought makes it an equally precious cultural document, perhaps the ultimate key for the interpretation of African mind."[50]

Sucht man nach weiteren künstlerischen Umsetzungen jener Vorgaben Lockes, so sind sie u. a. bei Aaron Douglas' Bildern kolonialer Geschichte zu finden. Diese wenden sich vom skulpturalen kulturellen Erbe ab, suchen nach Deutungsformen vielmehr in der angewandten Kunst ornamentalen Designs. Douglas arbeitete, wie sein deutscher Lehrer Winold Reiss, als Illustrator von Alain Lockes New Negro-Anthologie. Mit seiner Arbeit *Into Bondage* von 1936 (Abb. 10) entwirft der Künstler im Medium sich überlagernder Silhouetten, die nicht ohne Grund an Design-Mustervorlagen erinnern, ein Historienbild: In der deutlichen Abkehr von physiognomisch orientierten Körperbildern evoziert er die Zeitlichkeit jenes traumatischen historischen Ereignisses der Middle Passage mittels pulsierender, orphistisch anmutender Bildschablonen: Eine hoffnungsvolle Perspektive auf die Zukunft der befreiten Sklaven in den USA. Sein Stil wurde geprägt durch seinen deutschen Lehrer, der ethnographische Bildmotive in der modernen Bildsprache des Art Déco umsetzte.[51]

Das kulturelle Netzwerk schwarzer Eliten, das sich in Paris um Künstler wie Aaron Douglas, Palmer Hayden, Augusta Savage, Nancy Elizabeth Prophet, Henry O. Tanner und Lois Mailou Jones entsponnen hat, umfasste mit Aimé Césaire und insbesondere Léopold Sédar Senghor auch jene entscheidenden Theoretiker, die die Erfindung panafrikanischer Kunst- und Kulturidentität in den Folgejahren emphatisch verfolgten.

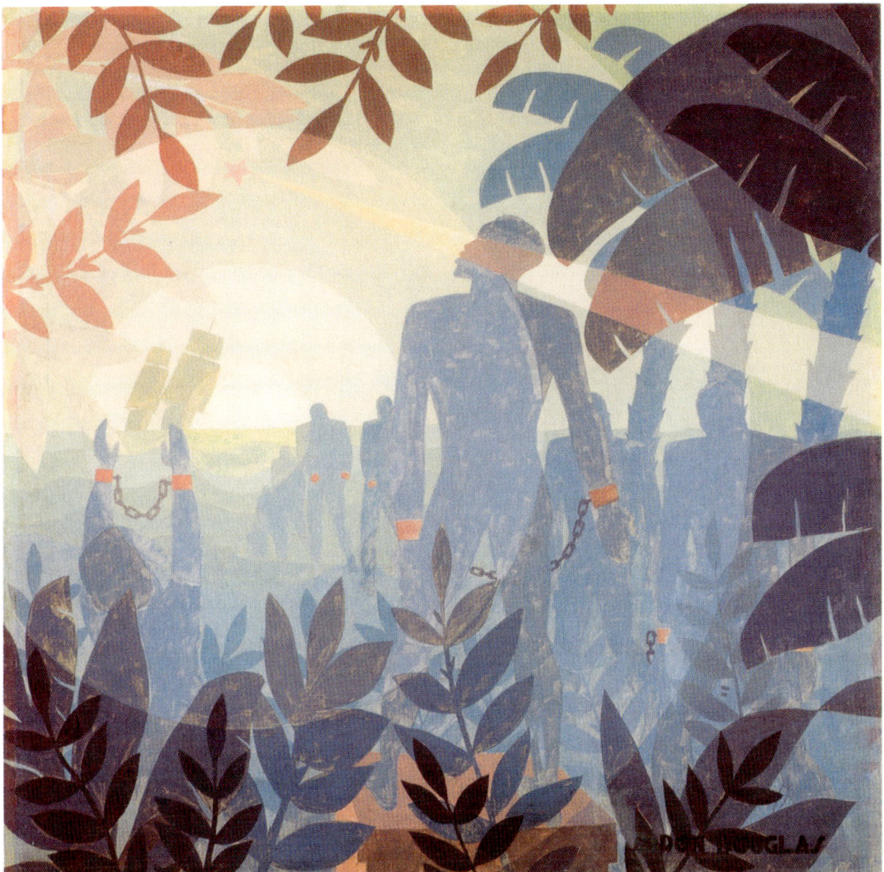

Abb. 10: Aaron Douglas, Into Bondage, 1936

Dakar–Paris

Léopold Sédar Senghor – Poet, Intellektueller und Autor eines beträchtlichen kunsttheoretischen Œuvres – orientiert sich in seiner Umsetzung einer panafrikanischen Ästhetik bzw. Kunsttheorie an jenen kulturpolitischen Vorgaben, die bereits Du Bois und Locke entwickelt hatten.[52] Anders als Aimé Césaire war Senghor als erstes Staatsoberhaupt des im Jahr 1960 gegründeten Senegal weitaus stärker an der Einrichtung und Konstruktion eines doktrinären Kunstsystems interessiert, das sich auf vielen Feldern zu einem staatlichen Bilder-Regime ausweitete. Er installierte den Begriff der *Négritude*, den Aimé Césaire erstmals 1935 verwendete, als ästhetische Maxime, die 2002 sogar Eingang in ein Lexikon ästhetischer Grundbegriffe gefunden hat.[53]

Für sein Verständnis afrikanischer Kunst waren jene Anfangsjahre entscheidend, die er, seit 1928 zunächst als Student aus der französischen Kolonie *Afrique Occidentale Française* eingereist, in Paris verbrachte. So erlebte er dort die oben beschriebenen ethnologischen, aber auch politischen Aspirationen zur Universalisierung französischer Kulturpolitik bis zum Zweiten Weltkrieg und wurde überdies während seiner Kriegsgefangenschaft in Deutschland mit den Schriften Leo Frobenius' bekannt. Zugleich wurde Senghor geprägt von der (post-) kolonialen Kulturpolitik André Malrauxs, der von 1959 bis 1969 französischer Staatsminister für Kultur war und die Unabhängigkeit des Senegal begleitete.[54]

Zweifellos schrieb Senghors Bestimmung explizit „schwarzer" afrikanischer Kultur im Konstrukt der *Négritude* das kulturaffirmative Vorgehen fort, das die französische Moderne im Begriff der „francité" seit den 1920er Jahren entworfen hatte. Nimmt man sich das plakative Resümee zur Definition der *Négritude* vor, das er im Jahr 1966 in die Worte fasst, „die Gesamtheit zivilatorischer Werte der Schwarzen, so wie sie sich im Leben und den Werken der Schwarzen äußern", so mag man durchaus dessen essentialistische Untertöne kritisieren.

Doch fasste er damit ein Postulat, das für die „weiße" Kultur der Moderne unausgesprochen in gleicher Weise zum Mainstream gehört(e). Schwerer wiegen hingegen seine biologistischen Zuweisungen einer „ontologie négro-africaine". Hier nutzt er auch Vokabular und Methoden des kolonial geprägten Rassendiskurses, auf den er sich möglicherweise auch in berechneter Mimikry bezog, wenn er u. a. Schriften des berüchtigten Theoretikers Comte de Gobineau affirmierend nutzte, um die besondere „ästhetische Sensibilität" des Schwarzen zu unterstreichen.[55]

Doch insbesondere nach dem Krieg entwickelte Senghor im Rahmen seiner redaktionellen Tätigkeit für die 1947 in Paris gegründete Zeitschrift *Présence Africaine* zeitgleich mit jenen umstrittenen Äußerungen auch deutlich durchlässigere Definitionen schwarzer Kunst und Kultur. Die in Paris angesiedelte Zeitschrift konnte als Forum panafrikanischer Kulturbildung gelten, in der neben Senghor und Césaire u. a. auch Richard Wright, Albert Camus, André Gide, Jean-Paul Sartre, Théodore Monod, Georges Balandier und Michel Leiris ihre Texte veröffentlichten. In zahlreichen Aspekten reflektierte er die Besonderheit einer Neu-Konstruktion schwarzafrikanischer Ästhetik, die sich eben auch auf eine „doppelte" Moderne-Erfahrung schwarz-weißer Dichotomien berufen musste, die er zunächst noch im Akt der Assimilierung einzuholen dachte.[56] Letztlich musste es ihm jedoch um die Kunst eines diasporischen Afrika gehen, dessen Konstruktion eben in Europa, den USA und Afrika zugleich zu verfolgen war.

Ein wichtiges, da mehrere Textquellen zusammenfassendes Dokument ist Senghors oben bereits erwähnter Vortrag, den er 1966 im Jahr des von ihm inaugurierten „Festival des Arts Nègres" in Montreal hielt. Es handelt sich um eine späte Beschreibung des Konzeptes der *Négritude*, das zu diesem Zeitpunkt bereits höchst umstritten war, nicht zuletzt wegen Senghors rigider kunstpolitischer Umsetzung in einem patriarchal geprägten Staat. Doch dokumentiert es seine umfassenden Kenntnisse um die psychologisierenden Fundamente, die gerade in den 1920er und 1930er Jahren Einzug in die universalistischen Modernevisionen der französischen Kunsttheorie gehalten hatten und nach dem Krieg vor allem durch André Malraux auch in Frankreich entscheidenden Einfluss behielten: Senghor beschreibt die Grundlagen schwarzafrikanischer Ästhetik in diesem Text mit dem Verweis auf deren wesenhafte Verkörperung einer „vitalen Kraft" („force vitale"), deren sich ausprägende Formenvielfalt mit den beiden Kategorien des „Bildes" („image") und des „Rhythmus" („rhythme") erfasst werden. Damit übernimmt er explizit die völkerpsychologischen Vorgaben des französischen Kunstdiskurses, die bereits um 1900 – zeitgleich und eng vernetzt mit dem deutschen Diskurs – eine bezeichnende Rolle spielten: Senghors Deutungen von Rhythmus, Bild und intuitiver Kunsterfahrung orientieren sich an jener Idee allumfassender intuitiver Formendynamik, die Elie Faure in seiner frühen Weltkunstgeschichte untersucht hatte – bereits vor Wilhelm Worringer und zeitgleich mit August Schmarsow.[57] Grundlage jener Vorstellungen einer dynamischen, körperhaften Formenrezeption jenseits räumlicher beziehungsweise zeitlicher Grenzen lieferte aber auch Henri Bergsons popularisierte Theorie vom intuitiven menschlichen Bewusstsein, die insbesondere in der französischen Zwischenkriegszeit – ebenso wie Élie Faure selbst – gesteigerte Aufmerksamkeit erfuhr. Der „nègre" verkörpere, so Senghor, jenes Ideal ästhetischer dialogischer Kollektivbindung, ritualhafter Zusammenführung, das auch die französische Kunstpolitik verfolgte.[58] Doch wird jenes Vermögen nun zum ausschließlichen Charakteristikum der schwarzen Kultur: „Die Vernuft des Europäers ist analytisch durch ihren Gebrauchskontext, die Vernunft des ‚Negers' ist intuitiv durch Teilhabe."[59]

Doch Senghor liefert nicht allein blinde Umkehrungen dessen, was französische Kunstkritiker, Kunstwissenschaftler und Philosophen vorgedacht hatten. Seine Definition der *Négritude* verstand sich als pragmatisch ausgerichtetes poetisches Regime, das die transkulturelle Verwobenheit und zugleich Setzung ästhetischer Maßstäbe deklarierte. Senghor ging es in seinen Schriften weniger um konkrete Inhalte von Kunst, sondern vielmehr um eine deutliche Lösung afrikanischer Kunst aus den kolonialen Konnotationen, die mit den Konzepten von Skulptur und Fetisch einhergingen. Der Bildbegriff wird zum Angelpunkt der Senghor'schen *Négritude*. Bereits in seinem Text zur „negro-afrikanischen Ästhetik" von 1956[60] nahm er sich jenen „autonomen" Bildbegriff vor, dessen distanzierte Auratik und Zeichenstruktur mit dem Surrealismus vergleichbar sei. Wichtigstes Kennzeichen selbst der traditionellen Skulptur sei ihre Verpflichtung auf das Bild, „das negro-afrikanische Bild ist kein Abbild (image-équation), sondern ein analoges Bild, es ist surrealistisch. (...) Jede Darstellung ist bildhaft, und das Bild, ich wiederhole, ist kein Abbild, sondern Symbol, Ideogramm." Wenig überrascht, dass jene Überlegungen Senghors sich kaum von den Vorstellungen unterschieden, die sein Zeitgenosse André Malraux in seinem Text *Musée imaginaire de la sculpture mondiale* zu Papier brachte. Der dort von religiöser Begrifflichkeit getragene Aufruf zu einem Museum der fotografischen Bilder entsprang dem kolonial geprägten Interesse an der Verfügungsgewalt über alle künstlerischen Gegenstände des Empire, deren beseelende Vergegenwärtigung in der teuren Kunstpublikation durch den weißen männlichen Betrachter – nur beiläufig durch einen formelhaften Stilbegriff rationalisiert – allein im fotografischen Bild möglich schien.[61]

Allerdings baute Senghors Kunsttheorie neben Bergson, Faure und Malraux doch auch auf andere Quellen. In der Verpflichtung der afrikanischen Kunst auf das zweidimensionale Bild gelang ihm vor allem die Distanzierung von dem in europäische Museen verbrachten und überdies ethnologisch „fetischisierten" Kulturerbe. Hier wiederum kam der deutsche Ethnologe Leo Frobenius ins Spiel. Dessen einfühlungspsychologische Lektionen betrachtete Senghor selbst als ausschlaggebend für sein Konzept der *Négritude*.[62] Frobenius' hymnische Hervorhebungen afrikanischer Kunst wurden im Zuge der Aufwertung der „art nègre" im Paris der 1920er Jahre in der renommierten Kunstzeitschrift *Cahiers d'art* veröffentlicht. Seine Studien zur afrikanischen Kunst lehnten ausdrücklich den „Fetisch" und damit die ethnologische, aber letztlich auch die surrealistische Lesart afrikanischer Kunst als europäisches Konstrukt ab.[63] Vielmehr widmete er sich der „afrikanischen“ Kunst der Silhouette, die er an den berühmten Felsenmalereien im heutigen Simbabwe illustrierte. Im Jahr 1937 erregte Frobenius mit seinen Sammlungen jener Silhouetten-Bilder Aufsehen im *Museum of Modern Art* in New York, wo der Ethnologe gemeinsam mit Alfred Barr die „Modernität“ dieser Malerei in einer Ausstellung neben surrealistischen Bildern u. a. von Joan Miró, Paul Klee, Hans Arp darzulegen suchte.[64] Die Ausstellung brachte schließlich afrikanische Kunst in die Nähe von zeichenorientierten Bild-Konzepten des Surrealismus und unterstützt Senghors oft proklamierte unmittelbare Nähe zu Frobenius.[65]

Senghors Ursprungsmythos afrikanischer Bildkunst verdankt sich demnach wohl auch dem Modell der schwebenden, langgliedrigen Figuren, deren Abbilder der deutsche Ethnologe Frobenius gesammelt hatte. Bereits in seinem frühen Text erklärt Senghor die Felsenmalerei in Angola zum Vorbild einer eigenen surrealistischen Bildsprache, deren besondere Rolle er auch als Vorbild für die Skulptur geltend macht.[66]

In diesem Charakter der Setzung, in der expliziten Bestimmung eines Konstruktes ist tatsächlich mehr zu sehen, als eine platte und hilflose „Assimilierung“. Allerdings ist Senghors Projekt ebenso wenig als hybrid im Sinne Homi Bhabhas oder diasporisch im Sinne Paul Gilroys zu verstehen. Es bleibt wie die gesamte eurozentrische Moderne universalisierenden vereinheitlichenden Denkmodellen verhaftet. Betrachtet man Arbeiten von jenen Künstlern, die Senghor mit der Unabhängigkeit des Senegal als Staatskünstler einer neu gegründeten *École de Dakar* verpflichtete, so wird insbesondere bei Ibra Tall (Abb. 11) und Boubacar Goudiaby eine in den Tapissierien und Leinwandbildern gepflegte ornamentorientierte Moderne erkennbar, die letztlich an jene Vorgaben im Bereich angewandter Kunst anknüpft, die bereits Aaron Douglas im Kontext der Harlem Renaissance erarbeitet hatte. Mit diesen Künstlern begründete sich ein ähnlich rigoroses Bildregime wie jenes, das die US-amerikanische Moderne in den Schriften Clement Greenbergs und der New York School festhielt.

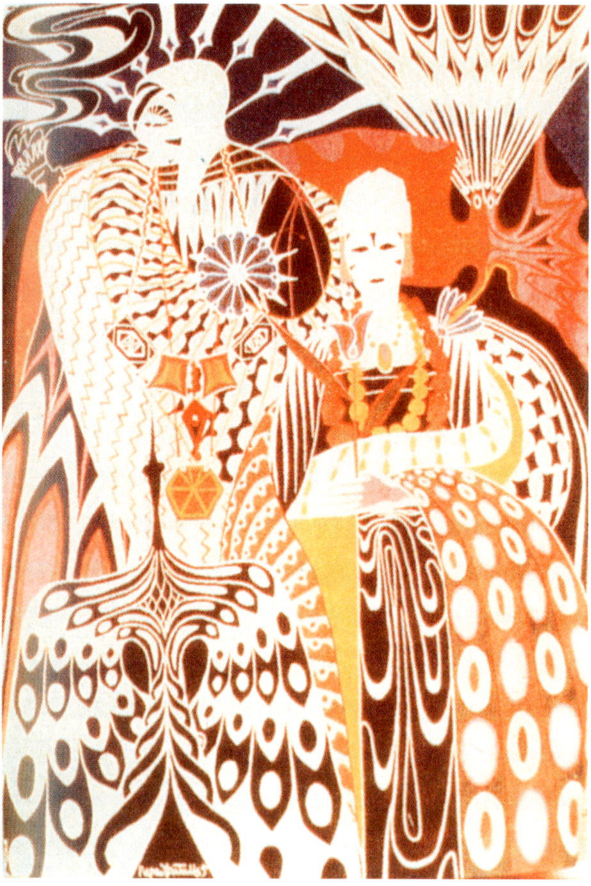

Abb. 11: Papa Ibra Tall, Couple Royale, 1965

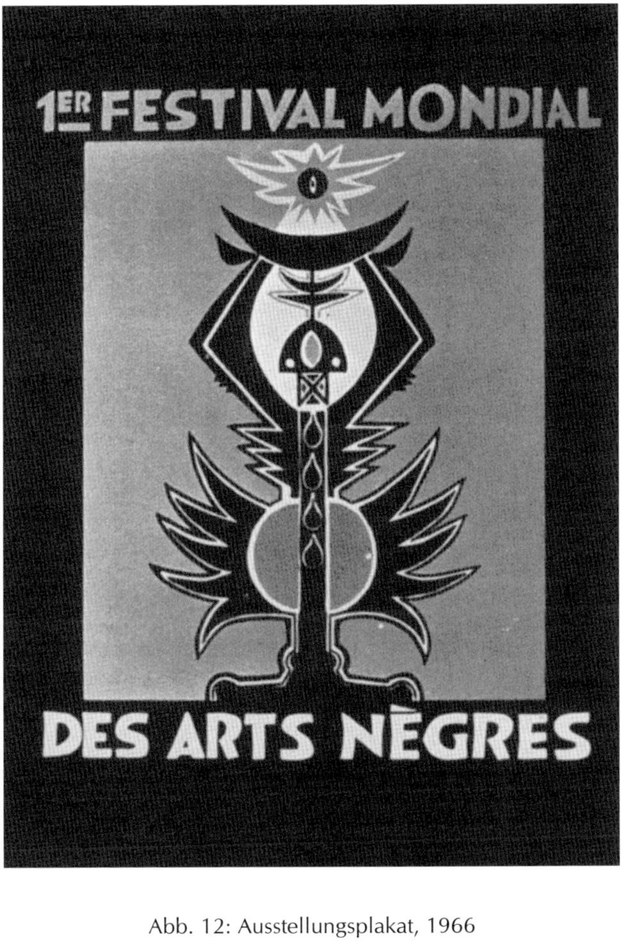

Abb. 12: Ausstellungsplakat, 1966

Dies zeigt insbesondere das große „Festival des Arts Nègres“ von 1966. Als es im April 1966 in Dakar eröffnet wurde, war Senghor bereits seit sechs Jahren Staatspräsident des unabhängig gewordenen Senegal. Das Festival bildete den Höhepunkt einer Serie von hochkarätig besetzten Veranstaltungen, die sämtlich dazu dienten, eine eigenständige Positionierung schwarzer Künstler, Schriftsteller und Intellektueller sichtbar zu machen – eine Stimme in der Mitte der Moderne zu etablieren. Sie konnte der lange vorherrschenden kolonialen Lesart nicht allein als Gegenpart dienen, sondern es ging darum, deren Teilhabe an der Moderne im Rückblick herauszustellen. Das Festival repräsentierte nicht, so wurde schnell klar, den Senegal, ein Staatsgebilde, das ehemals dem französischen Westafrika angehört hatte. Es repräsentierte ganz Afrika und sollte in diesem Sinne gerade auch in seinen Kunstausstellungen ein „zeitgenössisches“ schwarzes Kunstverständnis und einen „neuen Humanismus“ bzw. eine universale Zivilisationsleistung vermitteln, wie insbesondere die Eingangsansprachen Senghors und Malrauxs pathetisch überhöht zeigen.

Senghor hatte im Rahmen der Großausstellung eine Reihe von Ereignissen vorgesehen, die vor allem der bildenden Kunst einen entscheidenden Part einräumten und deren Ikone die zeichenhafte Umsetzung einer Fangmaske im Ausstellungsplakat wurde (Abb. 12). Im neu erbauten *Musée Dynamique* zeigte er eine Schau der traditionellen künstlerischen Erzeugnisse, der Holzskulpturen und Masken, die als Fetische in Europa gefeiert wurden. Eine weitere Ausstellung sollte jedoch unter dem Titel „Tendances et Confrontation“ die gegenwärtige Kunst zeigen. Sie befand sich im Justizgebäude, es waren Werke von einer internationalen Jury zusammengestellt worden, der u. a. auch Alfred Barr und Patrick Waldberg angehörten.[67]

Eine Woche vor Beginn der Ausstellung fand ein internationales Kolloquium statt. Hier wurde das Feld der traditionellen afrikanischen Kunst mit ethnologischem Zugang fokussiert, ein eigener Teil stellte deren Rezeption im Westen (Occident) vor, schließlich waren unter der Überschrift „Situation actuelle. Problèmes de l'art nègre moderne" u. a. kritische Abgrenzungen gegen westliche Einflussnahmen versammelt.[68]

Das Festival griff eine äußerst umfassende Thematik auf, die Frage nach der Möglichkeit universaler Kunstbegriffe in einer postkolonial geprägten, von Befreiungs- und Teilhabeprozessen bestimmten politischen Kultur der 1960er Jahre. Dies musste umso paradoxer erscheinen, als die traditionelle afrikanische Kunst zu diesem Zeitpunkt als „Beutekunst" fast ausschließlich in Museen Europas, die zeitgenössische Kunst hingegen wenn überhaupt in Privatgalerien Europas, z. T. in Museen in den USA zu sehen war. Das Festival lieferte damit nicht nur ein neues – im Übrigen heute in der Biennale von Dakar *Dak'Art* verändert weitergeführtes – postkoloniales Ausstellungsformat, sondern verschaffte erstmals die Möglichkeit, ein „globales" urbanes Publikum synchron zu adressieren.

In den wenigen Filmbeiträgen zum Festival wirkt das *Musée Dynamique*, das Senghor zunächst für die traditionelle Kunst, dann für Wechselausstellungen zur zeitgenössichen Kunst nutzte, als imposanter Ausstellungsraum, in dessen Innerem oberhalb der Vitrinen großformatige Fotografien einzelner Objekte, begleitet von Landkarten Afrikas zu erkennen sind. Senghor führt einen modernen, puristischen White Cube vor, in dem die Gegenstände als zwar kontextlose, aber geographisch verortete Kunstwerke gefeiert werden.[69] Er liefert „moderne" Lesarten der Masken und Holzskulpturen, verwissenschaftlicht eine kollektive museale Wahrnehmung, etabliert den einfühlenden, ästhetisierenden Blick. Diesem „panafrikanischen Kunstwollen" suchte die Rede seines befreundeten und oft zitierten politischen Partners André Malraux (Abb. 13) auf dem Festival allerdings sogleich einen gewissen Riegel vorzuschieben: Die belehrende Disziplinierung des Kulturerbes im imaginären Museum wird gefordert, für das – überspitzt gesagt – die afrikanische Skulptur selbst auch nur distanziert bildhaft rezipiert werden muss:[70]

„Man sagt: Lasst uns versuchen, die afrikanische Seele, die die Masken gestaltet hat, wiederzufinden. Durch sie werden wir das afrikanische Volk erreichen. Meine Damen und Herren, daran glaube ich überhaupt nicht: Das, was einst die Masken hervorgebracht hat, wie auch die Kathedralen, ist für immer verloren. Aber, dieses Land ist Erbe seiner Masken und kann sagen: Ich habe eine Beziehung zu ihnen wie niemand sonst. Und wenn ich sie betrachte und sie um eine Lehre über die Vergangenheit bitte, weiß ich, dass sie mit mir, gerade mit mir reden. Nehmen Sie also alles in Ihre Hände, was einst Afrika war. Aber nehmen Sie es mit dem Wissen, dass Sie sich in einem Wandel befinden."[71]

Doch auch Senghor war von dem doktrinären Impetus getragen, den Malrauxs imaginäres Museum als modernes Verfahren entfaltete. Das kulturelle Erbe wurde auf eine identitätsstiftende Archivierungsfunktion festgeschrieben, die die eigene Geschichte in einem Raum ahistorischer Mythen festschrieb und unberührt ließ. Dieser Mangel lieferte wohl den wichtigsten Anhaltspunkt für die nachfolgenden konzeptuellen Kritiken, die in den 1960er Jahren gleichzeitig zu den Unabhängigkeitsbewegungen eine „globale Krise" der klassischen Moderne einläuteten.[72] Mit dem *Laboratoire Agit-Art* antwortete eine senegalesische künstlerische Gegenströmung, die mit der Einforderung einer Verbindung von Kunst und Leben ein bald „globales" konzeptuelles Instrumentarium der Moderne mobilisieren wollte. Die experimentelle Künstler-Gruppierung ist auf Engste mit dem Namen Issa Samb (alias Joe Ouakam) verbunden.[73] Ähnlich den Vorgaben der zeitgleichen Konzeptkunst in Europa ging es vor allem um die Öffnung musealer Strukturen, die Pluralisierung der künstlerischen Medien hin zu einem Kunstbegriff, der dem prozesshaften Wahrnehmen, der Auseinandersetzung mit ästhetischen Konventionen und einer Neubewertung von Materialien und Techniken als Medien der Erinnerung und Geschichte Vorschub leistete. Issa Sambs Kritik entsprach in Teilen den Kritiken an einer reglementierten Staatskunst. Die künstlerischen Perspektiven waren an theatralen und damit auch ephemeren Ausdrucksformen orientiert.

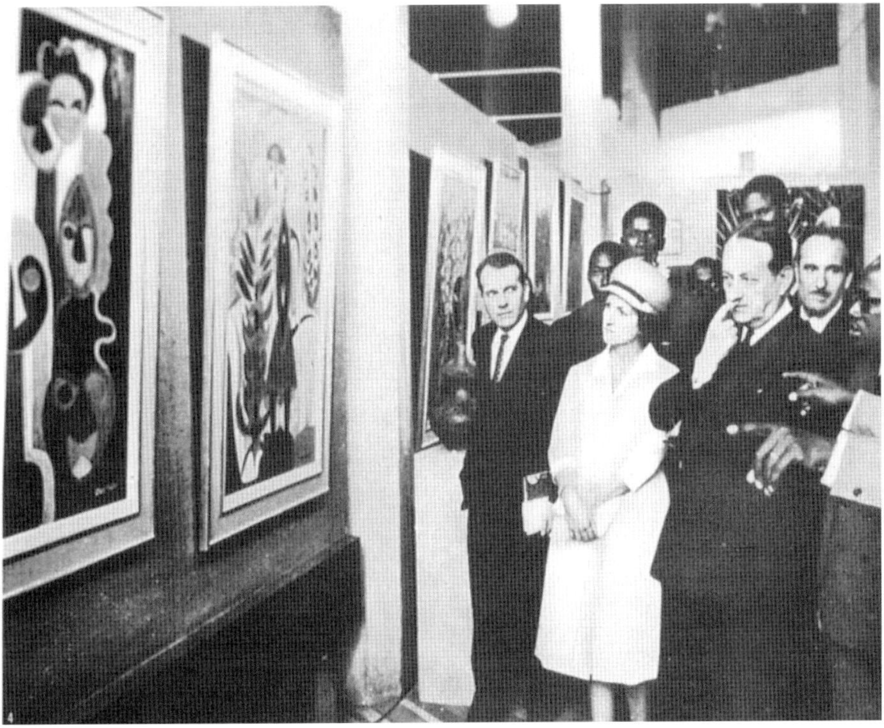

Abb. 13: Musée Dynamique, Dakar, 1966

Der Prozesscharakter der Werke lässt sich heute noch im öffentlich zugänglichen Atelier des Künstlers nachvollziehbar machen, das die Amalgamierung der Medien in ephemeren Werkkonstellationen aufweist. Die hier versammelten Kleidungsstücke, Holzskulpturen, Zeitungsausschnitte und lose in den Bäumen hängenden Bilder liefern beiläufig inszenierte Aspekte eines Ausstellungsparcours (Abb. 14). Konzeptioneller Ausgangspunkt war hier, wie auch beispielsweise in den vergleichbaren Arbeiten von Mario Merz oder Jannis Kounellis, die Konstruktion einer Geschichtsauffassung, die fragmenthaft Aktualität und Vergangenheit zusammenführt. Beispielhaft mag hier die Installation von Kounellis *Ohne Titel/ Two Windows* von 1982/99 im Lehmbruck

Museum Duisburg angeführt werden[74], in der eine Versperrung des Museumsraumes mit geschichteten Überresten von Baumaterial und Schutt erfolgte, in die Gipsabgüsse antiker Büsten eingefügt wurden.

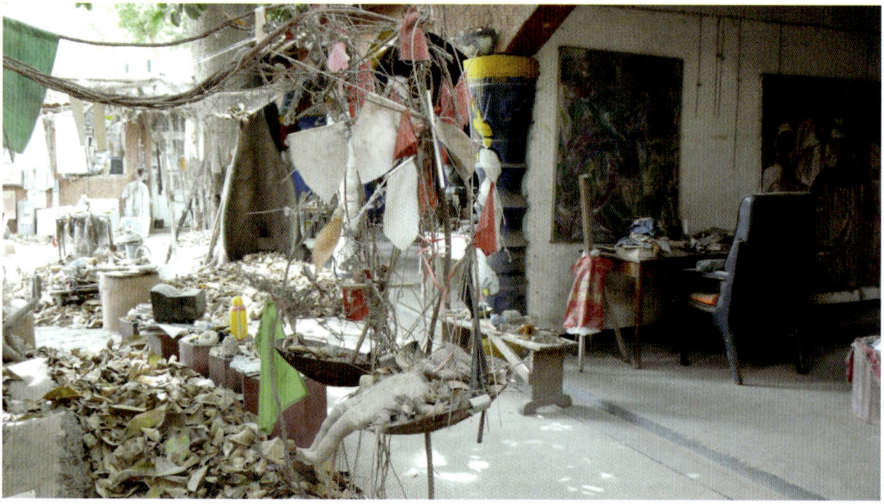

Abb. 14: Issa Samb, La Cour, Dakar, 2008

Auch in den Installationen Issa Sambs spielt bis heute die Interaktion materieller Artefakte mit Bildern der Medien aus Presse u. a. eine besondere Rolle. Die ehemals in westlicher Kunst gebannte Mythisierung vorkolonialer Geschichte gewinnt hier eine beigefügte und kommentierende Aktualisierung, wird zum kommunikativen jetztzeitigen Verhandeln von ästhetischer Erfahrung. Dennoch – und dies verdeutlicht auch die große Gemeinsamkeit konzeptueller Entwürfe (Arte Povera, Spurensicherung etc.) der 1970er Jahre – bleiben die utopischen Hinweise auf eine mythisierende Vergangenheit bestehen.

Globales Mapping: Africa Remix oder AlterModern?

„Relation is not made up by things that are foreign but of shared knowledge."[75]

Hatten sich in der senegalesischen und der europäischen Konzeptkunst theatralische Formen der Inszenierung ergeben, die mit der Ambivalenz von Kunstwerk und Artefakt spielten, institutionelle Kritik übten und zugleich neue Formen der Historisierung von Alltagserfahrungen konstruierten, so blieben jene Phänomene einer vernetzten Moderne in der Kunstwissenschaft zunächst ausgeblendet. Erst zu Beginn der 1990er Jahre wurde die Abschottung der europäischen und US-amerikanischen Kunstwissenschaft gegen die Herausforderungen einer Globalgeschichte virulent. An den Primitivitätsutopien der europäischen Avantgarde konnte erst gerüttelt werden, als die zugrundeliegenden Körperkonzepte, die ethnozentrischen, rassistischen bzw. geschlechtlichen Bestimmungen des aufklärerischen Prozesses der Moderne in den Fokus globaler Kunstbetrachtung gerieten. Die Rede vom universalen Weltmuseum griff zu kurz, solange ethnische und geschlechtliche Differenzen unbenannt blieben, die sich in weiterbestehenden kulturellen Praktiken äußerten. Es waren jedoch die Arbeiten reisender afrikanischer und afrikanisch-amerikanischer KünstlerInnen und KuratorInnen, die die ersten Schritte zu einer veränderten Perspektive einleiteten. Ihr Blick fiel nun weniger auf die politische Geschichte und vielmehr auf eine europäische und US-amerikanische Kunstgeschichtsschreibung, die ein geschichtsloses Afrika erzeugt hatte.

Einer der Entdeckungsreisenden in diesem Sinn war Frank Bowling: Geboren in British-Guyana beginnt er seine künstlerische Karriere in London am Royal College of Art gemeinsam mit David Hockney, u. a. gefördert von Francis Bacon. Sein frühes Interesse am monumentalen Bild und seiner malerischen Neu-Erfindung im Medium konstruierter Raumverortung und zugleich pathetischer Körperlichkeit führt ihn nach New York. Hier lernt er die prominenten Maler der New York School, Jasper Johns und Barnett Newman kennen und zieht die Aufmerksamkeit Clement Greenbergs auf sich. Mit seinem Bild *Bowling's Variety Store* (Abb. 15) von 1966 schafft er eine höchst eigenständige Verwebung neuer Prinzipien der Farbfeldmalerei mit Schriftzügen der Pop Art. Mit der Betitelung des Bildes als „Ladengeschäft" kommentiert er die gewählte Bildsprache: Sie wird als bewusste Auswahl aus einem größeren globaleren Bildrepertoire benannt und unterminiert damit deutlich den alleinvertretenden Status der US-amerikanischen Malschule mit diasporischen Verweisen auf Bowlings Herkunftsland British-Guyana.[76] Noch provokanter ironisch ist sein Bild *Who is afraid of Barnett Newman* von 1968, das in Anlehnung an die berühmte Bildvorlage Barnett Newmans eine Karte Südamerikas in den Flaggen-Farben des 1966 unabhängig gewordenen Guyana zeigt, in den im Übrigen für zahlreiche unabhängig gewordene Staaten Afrikas verwendeten Rastafari-Farben.

Es mag zunächst erstaunen, dass der Künstler 1966 überdies in Léopold Senghors Festival in Dakar den *Grand Prix* für Malerei mit seinem Bild *Big Bird* gewonnen hatte: Zwei weiße, flügelschlagende Vögel in dynamisierten verwischenden Farbschlieren erheben sich aus geometrisierten Farbfeldern, die nur entfernte und überdies uneinheitliche Assoziationen zu staatlichen Symbolen herstellten: Zu Französisch-Guyana und dem im selben Jahr unabhängig werdenden British-Guyana. Die Auszeichnung in Dakar verdeutlicht nochmals, die besondere Rolle der Malerei im modernen Konzept der *Négritude*, offenbart aber auch die Bezugnahme auf Bildbegriffe der *New York School*.

Bowlings vereinzelt postmodernes Spiel mit der destabilisierenden Kraft zitierender und kommentierender Bildzitate, sein interpikturales Verfahren findet eine international wahrgenommene Nachfolge allerdings erst mit jenen Künstlern, die durch Okwui Enwezors Documenta 11 im Jahr 2002 bekannt wurden. Jene Documenta mit einem bis dahin vollends ungewöhnlichen Anspruch räumlicher und reflexiver Vielschichtigkeit, die nicht zuletzt theoretische Impli-

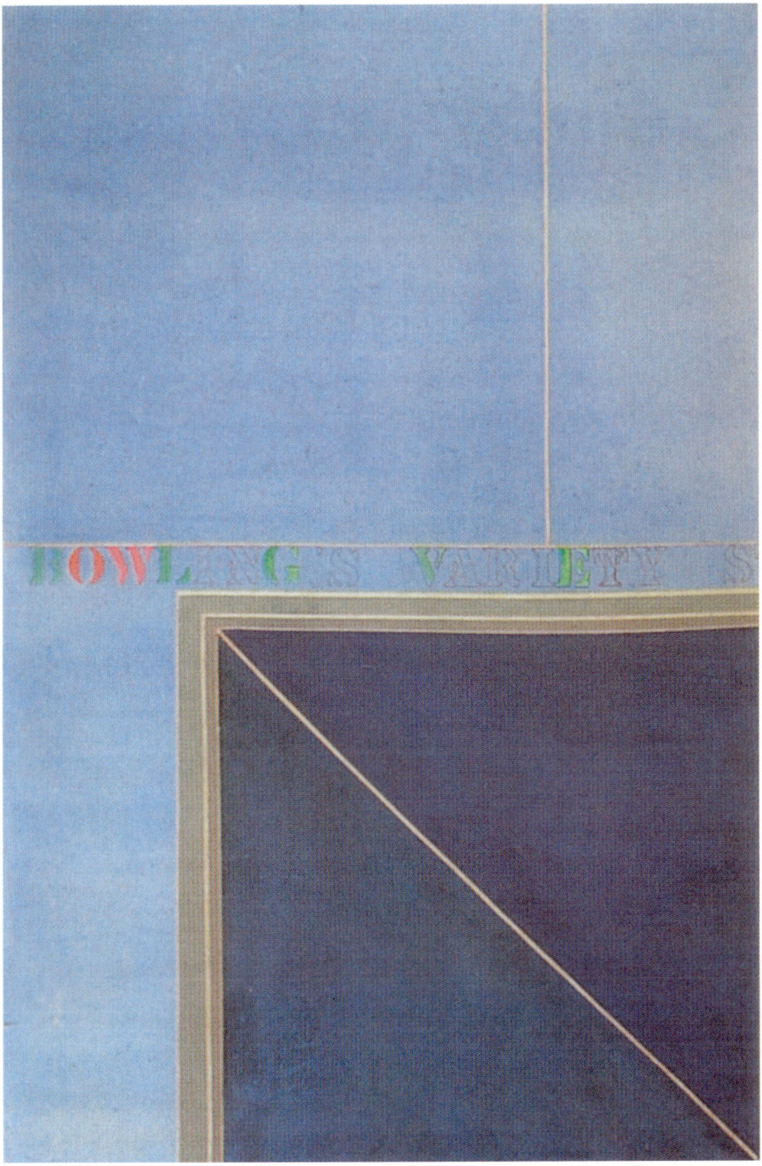

Abb. 15: Frank Bowling, Bowling's Variety Store, 1966

kationen des Postkolonialismus erstmals einem deutschen Publikum bekanntmachte, war das Terrain künstlerischer Neuverhandlung eines globalen Kunstraumes. Charakteristisch waren diejenigen konzeptuellen Entwürfe, die sich nun mit den Leerstellen kunsthistorischer Forschung befassten.

Zu dieser Künstlergeneration gehören Romouald Hazoumé und Yinka Shonibare, die beide gleichermaßen primitivistische Deutungsmodelle europäischer Moderne in ihren Installationen inszenieren. Romouald Hazoumé aus Benin erlangte Aufmerksamkeit mit seinen an Wänden befestigten Objekten, die in Form- und Farbgestaltung Assoziationen zu afrikanischen Masken hervorriefen (Abb. 16). Der dunkelfarbige, streng symmetrische Korpus seiner Arbeit *Masque Bidon* von 1992 vermittelt unverkennbar anatomische Anhaltspunkte wie eine runde Stirn, eine dort ansetzende gerade Nase, eine hervortretende Kinnpartie und eine kreisrunde Mundöffnung, so dass das Gebilde schließlich als stilisierte Kopfmaske kenntlich wird. Das Objekt zeichnet sich durch eine plastische Gestaltung der Volumina aus, die in regelmäßigen kubischen Abstufungen abwechselnd vor- und zurücktreten, sich verselbständigen zu symmetrischen Einzelformen, einer henkelförmigen Nase, aber auch einer Wangenpartie, die einfällt, statt nach vorne zu treten. Die Gesichtsmaske könnte gewissermaßen den Prototypen eines Exponats in Malrauxs imaginärem Museum darstellen. Sie scheint einen abstrakten „Fall plastischen Sehens" vorzuführen, erinnert an die freigestellten Fotografien in Carl Einsteins Werk zur „Negerplastik" von 1915, das eine auratische Verschmelzung des plastischen afrikanischen Artefaktes mit dem diskontinuierlichen Raumgefühl des Kubismus anstrebte.[77] Acht Jahre vor der Entstehung von Hazoumés Arbeit war im New Yorker *Museum of Modern Art* die legendäre Primitivismus-Ausstellung zu sehen. Deren Kurator William Rubin griff auf das moderne Modell des Kulturvergleichs zurück, indem er Arbeiten der Klassischen Moderne neben Werke afrikanischer Skulptur stellte, wie am Vergleich einer Grebo-Maske mit der kubistischen Gitarre Picassos von 1912 sichtbar werden sollte. Das Schall-Loch in Picassos Gitarre würde, so Rubin, in kongenialer Inversion der Gestaltung der Augenhöhlen der Gesichts-

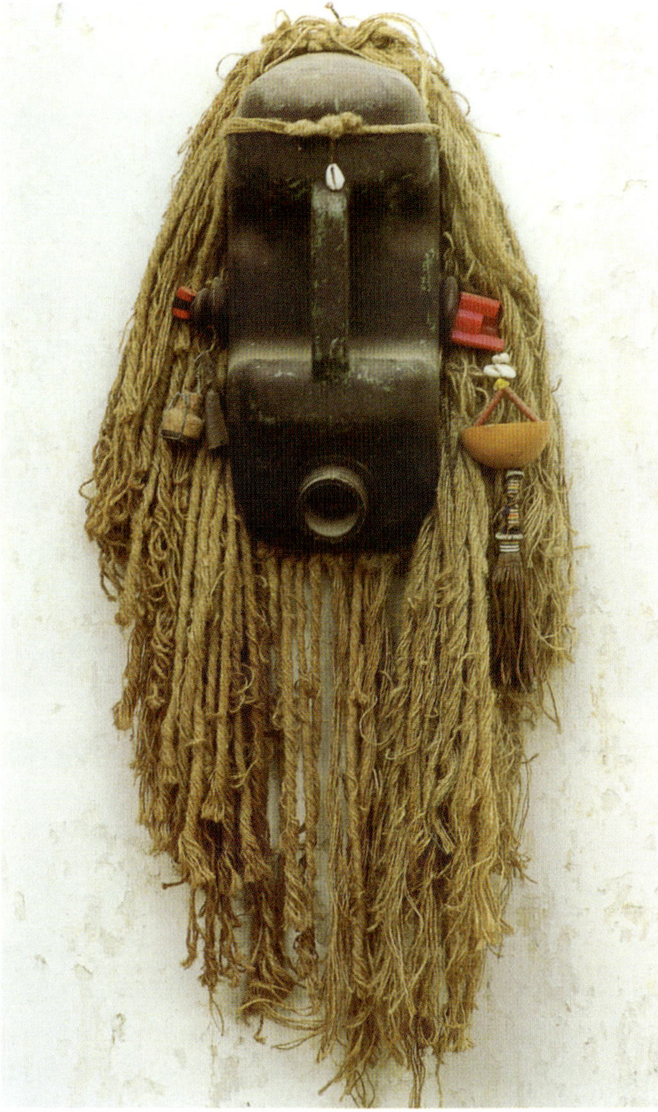

Abb. 16: Romouald Hazoumé, Masque Bidon, 1992

maske enstprechen, Höhlungen würden als hervortretende zylindrische Körper gebildet. Beide Werke zeigten konstruierte „plastische Lösungen“ für die Gestaltung eines Loches, „selbst wenn“, so Rubin, „die primitiven Künstler sich nicht vorstellen konnten, was solche Worte meinten.“[78]

Jenes auch in Rubins Äußerungen noch so wirkmächtige Abkommen von physiognomischen Lesarten, das Einstein im Skulpturalen und Leiris bei den Dogon suchte – beide fasziniert vom Dingcharakter eines kontextlosen Gegenstandes – findet in der Arbeit Hazoumés eine wirkungsvolle Ironisierung: Er bestätigt die Unausweichlichkeit der physiognomischen Deutung einer „westlichen“ Gesichtsmaschine, die durch Anstrengungen ästhetischer Autonomisierung keineswegs zu bannen ist. Deren bildhaften „Aufwertungsprozess“ im Kunstmuseum revidiert der Künstler, die Objekte werden als Plastik-Kanister wieder zu Artefakten.[79] Hazoumé wirft damit zugleich die Frage nach der Deutungshoheit auf, die westliche Kunstmuseen für Künstler aus Afrika übernommen haben. Eine weitere Arbeit, die sich in das Blickregime westlicher Museen einmischt, und deren vorgegebene Sichtweisen afrikanischer Kunst stört, wäre beispielsweise Yinka Shonibares Installation *Swing* von 2001, in der ein „Meisterwerk“ des europäischen 18. Jahrhunderts, Fragonards Bild *Les hasards heureux de l'escarpolette* (1767), zur leibhaftigen Skulptur in afrikanischen Kente-Stoffen wird. Als lebendes Bild aktualisiert Shonibares Arbeit letztlich die Kunstgeschichte und erneuert den Blick auf eine archivierte Epoche und ihre Leerstellen.[80]

Die beiden letztgenannten Künstler liefern, so ließe sich zusammenfassen, eine vergleichbare Neuverhandlung der Abgrenzungen von Bild und Artefakt, indem sie Ikonen der westlichen Moderne zu körperhaften Artefakten werden lassen. Doch während Shonibare mit dem Verweis auf die Textilkunst Afrikas „oberflächliche“ transkulturelle Lesarten des Ornamentes inszeniert, sind Hazoumés konzeptuelle Auseinandersetzungen bisweilen im Kontext ethnographisierender „Authentisierung“ zu sehen. Der Künstler zeigte u. a. im Rahmen der Düsseldorfer Ausstellung *Africa Remix* alltagskulturelle fotografische Kontexte seiner Objekte, die zum Benzinschmuggel zwischen Nigeria und Benin benutzt wurden. Mit dieser Dokumentation erhielten die Objekte Konnotationen historischer Quellen, verwiesen auf konkrete Orte statt auf ein mythisches Afrika. Zugleich legten die Fotografien aber auch die neo-primitivistische Lesart nahe, dass diese Artefakte ausschließlich in den Augen westlicher Betrachter als Kunstwerke rezipiert werden können. Tatsächlich evozieren bis heute kuratorische Multi-Kulti und Remix-Konzepte popularisierte Rezeptionen, in denen künstlerische Positionen auf einen exotischen Gast-Status in Europa reduziert werden. Auf diese Weise wird der Anspruch einer modernen Kunst-Geschichte des *Black Atlantic* nivelliert.[81]

Betrachtet man künstlerische Arbeiten als Verhandlungen politischen Geschehens und damit Teilbereiche einer visuellen Kultur, so wäre es Aufgabe einer postkolonialen Kunstwissenschaft, den Stellenwert dieser Arbeiten im komplexen Geschehen kultureller und politischer künstlerischer Praxis und einer Kunstgeschichte einzuschätzen, die das Konzept des *Black Atlantic* zum Ausgangspunkt nehmen könnte. Dazu gehören Fragen nach „relationalen" ästhetischen Regimen und Möglichkeiten der Teilhabe. Wie werden Medienhierarchien politisch reglementiert, welchen epistemologischen Stellenwert haben Bilder, wie wird deren künstlerische Autonomie bzw. avantgardistisches Engagement umgesetzt? Die Antworten dazu werden aktuell zwar mit dem Begriff des „AlterModern" medienwirksam von kuratorischer Seite angemahnt, können aber im Rahmen von Ausstellungsereignissen nur ephemer eingelöst werden.[82]

Eine zeitgemäße und effektvolle Zusammenfassung der dargelegten Diskussionen liefert Pascale Martine Tayous monumentale Arbeit *Colonial Erection*, die 2010 im Jahr der in Südafrika stattfindenden Fußballweltmeisterschaft vor der Neuen Nationalgalerie in Berlin installiert war. Ein Stakkato afrikanischer Flaggen begleiteten dort lebensgroße bunte *Colon*-Figuren, die gutmütig-naiv die Passanten zu betrachten schienen (Abb. 17). Tayou zitierte hier frühe kleinfor-

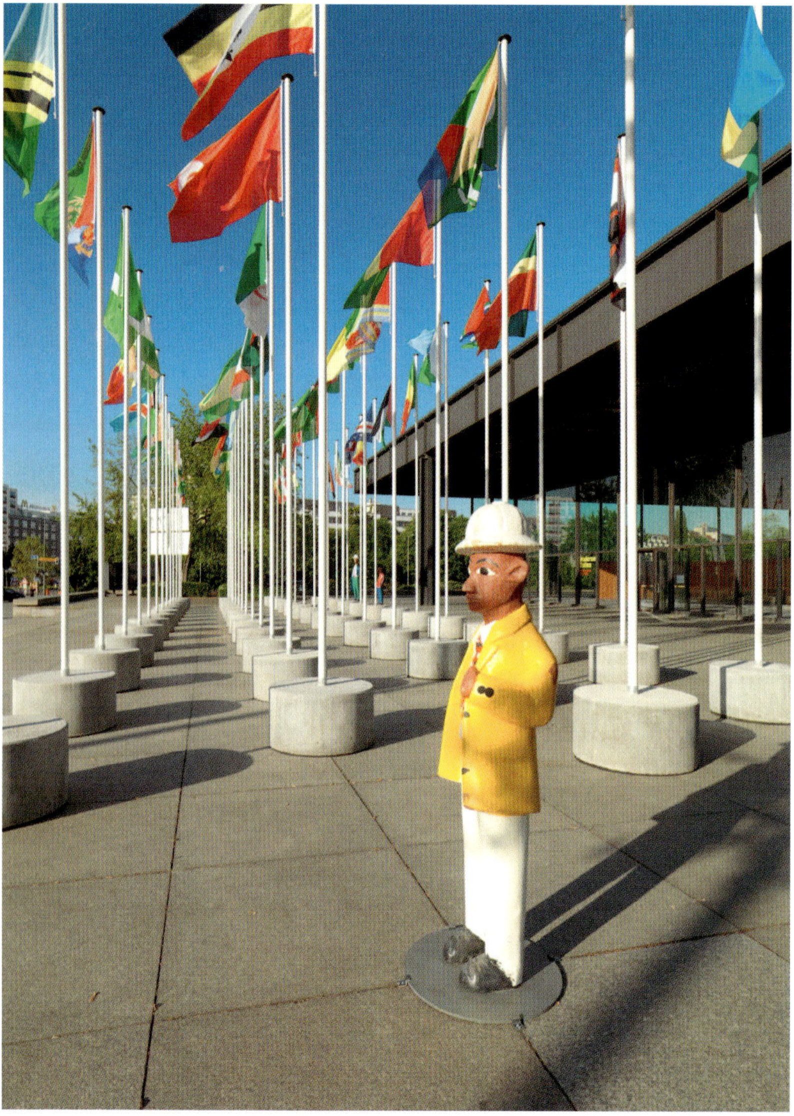

Abb. 17: Pascale Marthine Tayou, Colonial Erection, 2010

matige skulpturale Darstellungen von Europäern, die im kolonialen Nigeria entstanden waren (Abb. 18). Sie waren von Julius Lips, dem deutschen Ethnologen und ehemaligen Direktor des heutigen Rautenstrauch-Joest-Museums in Köln, bereits 1937 in durchaus hellsichtiger Provokation stark gemacht worden als Belege für eine „doppelte" Wahrnehmung, der sich nun die Weißen auszusetzen hatten.[83] Jene aktualisierte Erinnerung an die stattgefundenen Begegnungen und Interaktionen, die Tayou herausfordert, verweist auf die zukünftigen Forschungsfelder einer Kunstgeschichte des *Black Atlantic*.

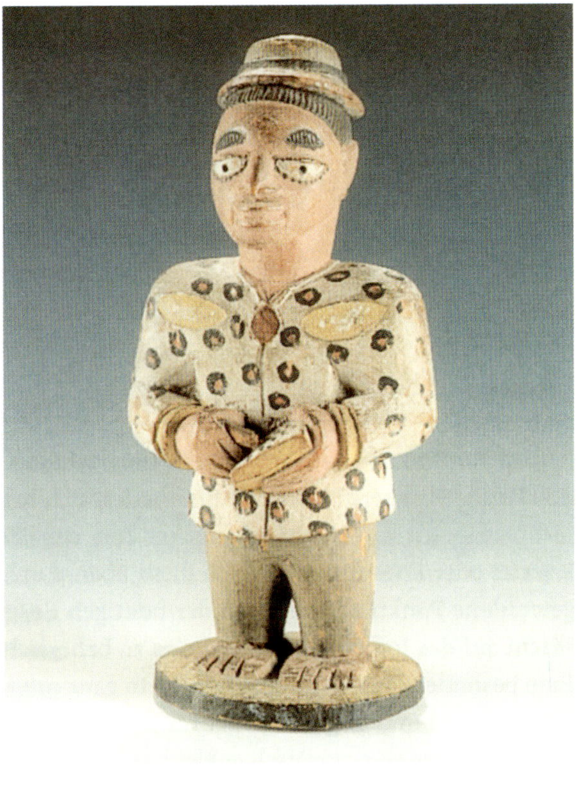

Abb. 18: Colon-Figur, Darstellung eines Lehrers, 20. Jh.

Anmerkungen

1 Du Bois, W. E. B.: The Souls of Black Folk (1903). New York 1996, S. 5.

2 Henson, Matthew: A Black Explorer at the North Pole (1912). Lincoln 1989.

3 Vgl. Bloom, Lisa: True North: Isaac Juliens ästhetische Werte. In: Ausst.-Kat. Hannover Kestner Gesellschaft: Isaac Julien. True North Fantôme Afrique, hg. v. Veit Görner u. Eveline Bernasconi. Ostfildern 2006, S. 36–41; Dies.: Gender on Ice: American Ideologies of Polar Expeditions. Minneapolis 1993.

4 Der geodätisch bestimmbare geografische Nordpol (True North) weicht vom magnetischen Nordpol ab, so dass die sinnliche Erfahrung in diesem Fall uneindeutige Erkenntnisse liefert, vgl. Bloom 2006, S. 38.

5 Vgl. Hard, Gerhard: Zu Begriff und Geschichte der Natur in der Geographie des 19. und 20. Jahrhunderts. In: Großklaus, Götz; Eichberg, Henning (Hg.): Natur als Gegenwelt. Beiträge zur Kulturgeschichte der Natur. Karlsruhe 1983, S. 139–167; Dünne, Jörg; Günzel, Stephan: Raumtheorie. Grundlagentexte aus Philosophie und Kulturwissenschaften. Frankfurt a. Main 2006.

6 Vgl. Gilroy, Paul: The Black Atlantic: Modernity and Double Consciousness, 1993. Zu Gilroys Vorläufern vgl. u. a. Barson, Tanya: Introduction: Modernism and the Black Atlantic. In: Ausst.-Kat. Liverpool Tate 2010: AfroModern. Journeys through the Black Atlantic. Liverpool 2010, S. 8–25. Zum Zusammenhang von Raumwissenschaft und Postkolonialismus vgl. u. a. Günzel, Stephan: Raum – Topographie – Topologie. In: Ders. (Hg.): Topologie. Zur Raumbeschreibung in den Kultur- und Medienwissenschaften. Bielefeld 2007, S. 13–32; Castro Varela; María do Mar; Dhawan, Nikita; Randeria, Shalini: Postkoloniale Theorie. In: Günzel, Stephan (Hg.): Raumwissenschaften. Frankfurt a. Main 2008, S. 308–323.

7 Vgl. Haehnel, Birgit; Ulz, Melanie (Hg.): Slavery. Approaches to Trauma, Memory and Visuality. Berlin 2009.

8 Vgl. Costa, Sérgio: Vom Nordatlantik zum „Black Atlantic“. Postkoloniale Konfigurationen und Paradoxien transnationaler Politik. Bielefeld 2007, S. 123 f.; Edwards, Brent Hayes: The Uses of Diaspora. In: Diaspora, Memory Place. David Hammons, Maria Magdalena Campos-Pons, Pamela Z. München, Berlin, London, New York 2008, S. 78–103.

9 Vgl. Costa 2007 S. 128.

10 Vgl. Ausst.-Kat. AfroModern 2010. Ausst.-Kat. Berlin Haus der Kulturen der Welt: Der Black Atlantic. Berlin 2004.

11 Vgl. Schmidt-Linsenhoff, Viktoria: Postkolonialismus (Kunst und Politik. Jahrbuch der Guernica-Gesellschaft, Bd. 4). Osnabrück 2002; Below, Irene; Bismarck, Beatrice von (Hg.), Globalisierung/Hierarchisierung (=Schriftenreihe des Ulmer Vereins e. V., Bd. 1), Marburg 2005.

12 Vgl. Mercer, Kobena: Introduction. In: Ders.: (Hg.). Exiles, diasporas & strangers (= Annotating art's histories: Cross-Cultural Perspectives in Visual Arts). London 2007, S. 6–27, hier: S. 12.

13 Vgl. Smith, Terry: Introduction: The Contemporaneity Question. In: Condee, Nancy; Enwezor, Okwui; Smith, Terry (Hg.): Antinomies of Art and Culture. Modernity, Postmodernity, Contemporaneity. Durham, London 2008, S. 1–19.

14 Der 1996 von John Onians geltend gemachte Begriff der „World Art Studies" geriet zu Recht in die Kritik, vgl. Onians, John: Compression versus Expression. Containing and Explaining the World's Art. Clark Studies in the Visual Arts. New Haven/London 2006; Zijlmans, Kitty; van Damme, Wilfried (Hg.): World Arts Studies: Exploring Concepts and Approaches. Amsterdam 2008. Zur Kritik vgl. Fisher, Jean; Mosquera, Gerardo (Hg.): Over here: International Perspectives on Art and Culture. 2004. Die Weltkunstgeschichte wrd auch bei Elkins nicht grundsätzlich in Frage gestellt, vgl. Elkins, James: Is Art History Global? 2007, S. 19 f.

15 Vgl. zur Diskussion des Primitivismus und seiner kolonialen Bezüge: Antliff, Mark; Leighten, Patricia: „Primitive". In: Nelson, Robert; Shiff, Richard (Hg.): Critical Terms for Art History. Chicago 1996, S. 170–186; Küster, Bärbel: Matisse und Picasso als Kulturreisende. Primitivismus und Anthropologie um 1900, Berlin 2003, S. 13 f.

16 Vgl. Därmann, Iris: Fremde Monde der Vernunft. Die ethnologische Provokation der Philosophie. München 2005, S. 51 f.

17 Vgl. Genge, Gabriele: Zurück zu den Wurzeln? Die Holzskulpturen der Brücke. In: Die Brücke und der Exotismus. Bilder des Anderen, hg. v. Christoph Wagner und Ralph Melcher. Berlin 2011, S. 44–56; Grossman, Wendy: Man Ray, African Art and the Modernist Lens. Minneapolis 2009, S. 18. Zum Begriff des „Pathischen" vgl. Busch, Kathrin, Därmann, Iris: Einleitung. In: Dies. (Hg.) Pathos. Konturen eines kulturwissenschaftlichen Grundbegriffs. Bielefeld 2007, S. 7–32.

18 Vgl. Zur Einfühlungspsychologie und ihrer Tradition vgl. Genge, Gabriele: Artefakt Fetisch Skulptur. Aristide Maillol und die Beschreibung des Fremden in der Moderne. München 2009, S. 149 f.

19 Vgl. Genge 2009, S. 49 f.

20 Vgl. Kramer, Fritz: Einfühlung. Überlegungen zur Geschichte der Ethnologie im präfaschistischen Deutschland. In: Hauschild, Thomas (Hg.): Lebenslust und Fremdenfurcht. Ethnologie im Dritten Reich. Frankfurt 1995, 85–102.

21 Vgl. Därmann 2005 S. 377 ff. Allerdings wurde sie von Edmund Husserl auch am stärksten kritisiert, indem er Theodor Lipps noch dem Empirischen abgewonnene Einfühlungspsychologie schließlich zur reinen psychologisch begründeten Bewusstseins-Wissenschaft der Phänomenologie wandelte und ab 1905 eine konzise Theorie der Fremderfahrung entwickelte.

22 Vgl. Genge 2011, S. 55 f.; vgl. Diers, Michael: Nagelmänner. Propaganda mit ephemeren Denkmälern im Ersten Weltkrieg. In: Ders.: (Hg.): Monumente, Formen und Funktionen ephemerer Denkmäler. Berlin 1993, S. 113–137.

23 Osthaus, Karl Ernst: „Die Kunst und der Eiserne Schmied in Hagen" (1915). Wiederabgedr. in: Osthaus, Karl Ernst: Reden und Schriften, hg. u. komm. v. Rainer Stamm. Köln 2002, S. 188–189.

24 Vgl. Osthaus, Gertrud: Das Museum Folkwang in Hagen, in: Kölnische Zeitung, 10.8.1913; Osthaus, 2002, S. 191.

25 Vgl. Stamm, Rainer: Weltkunst und Moderne. In: „Das schönste Museum der Welt" Museum Folkwang bis 1933. Essays zur Geschichte des Museums Folkwang (= Folkwang Texte, Bd. 1). Göttingen 2010, S. 27–46, hier: S. 28 f.

26 Vgl. Böhme, Hartmut: Fetischismus und Kultur. Eine andere Theorie der Moderne. Reinbeck 2006, S. 179 f.

27 Vgl. Lopez, Odoardo: Relatione del Reame di Congo et delle Circonvicine Contrada. Roma 1591. Zit. n. Palme, Heide: Spiegelfetische im Kongoraum und ihre Beziehung zu christlichen Reliquiaren. Wien 1977, S. 28 f.; vgl. Genge 2009, S. 27 f.; Kohl, Karl-Heinz: Die Macht der Dinge. Geschichte und Theorie sakraler Objekte. München 2003, S. 13 f.

28 Vgl. Genge 2009, ebd.; Dictionnaire Larousse, Bd. 8 (1872). Paris 1982, S. 291; vgl. Miller, Christopher L.: Blank Darkness. Africanist Discourse in French. Chicago u. a. 1985.

29 Vgl. Mauss, Marcel; Hubert, Henri: Esquisse d'une théorie générale de la magie. Paris 1902; Frazer, James George: Totemism and Exogamy. A Treatise on Certain Early Forms of Superstition and Society, 4 Bde. London 1910.

30 Vgl. Forschungsbeiträge von Wilhelm Pietz, Emily Apter und Hartmut Böhme zur Rolle von Fetisch und Objekt in der Entstehungszeit der künstlerischen Moderne. Vgl. Apter, Emily; Pietz, William (Hg.): Fetishism as Cultural Discourse. Ithaca, London 1993; Böhme, Hartmut (Hg.): Der Code der Leidenschaften. Fetischismus in den Künsten. München 2010.

31 Vgl. Genge 2009, S. 158 f.

32 Jenen kunstimmanenten Diskurs sucht jüngst nochmals Bredekamp in strenger Schematisierung zu befestigen: Bredekamp, Horst: Theorie des Bildakts. Berlin 2010.

33 Die größte kunstwissenschaftliche Bandbreite liefert hier: Mitchell, William J. T.: What do Pictures want? The lives and Loves of Images. Chicago, London 2005. Vgl. Pfisterer, Ulrich; Zimmermann, Anja (Hg.): Animationen – Transgressionen. Das Kunstwerk als Lebewesen. Berlin 2005; Stoichiţă, Victor Ieronim: L'effet Pygmalion. Pour une anthropologie historique des simulacres. Genève 2008; Belting, Hans: Das echte Bild. Bildfragen als Glaubensfragen. München 2005.

34 Latour, Bruno: Wir sind nie modern gewesen. Versuch einer symmetrischen Anthropologie (1991). Frankfurt 2008; Ders.: Das Parlament der Dinge (1999). Frankfurt a. Main 2001. Zur soziologisch-philosophischen Kontroverse um Latour vgl. Kneer, Georg; Schroer, Markus; Schüttpelz, Erhard: Bruno Latours Kollektive. Frankfurt a. Main 2008.

35 Vgl. Genge 2009, S. 79 f.

36 Vgl. Connelly, Frances: The Sleep of Reason: Primitivism in Modern European Art and Aesthetics, 1725–1907. Pennsylvania 1995, S. 79 f., 106 f. Vgl. Green, Christopher: 'Naked Problems'? 'Sub-African Caricatures'? Les Demoiselles d'Avignon, Africa and Cubism. In: Ders. (Hg.): Picasso's Les demoiselles d'Avignon. Cambridge 2001, S. 128–149.

37 Vgl. Archer-Straw, Petrine: Negrophilia, Diaspora, and Moments of Crisis. In: Ausst.-Kat.: AfroModern. 2010, S. 27–39; vgl. Archer-Straw, Petrine: Negrophilia: Avant-Garde Paris and Black Culture in the 1920s. New York 2000; vgl. Lott, Eric: Love and Theft: Blackface Minstrelsy and the American Working Class. New York: 1993; Wendl, Tobias; Lintig, Barbara von: Das schwarze Paris. In: Ausst.-Kat. Bayreuth u. a. 2006: Black Paris, hg. v. Tobias Wendl u. Barbara von Lintig. Wuppertal 2006, S. 15–36.

38 Vgl. Smith 2008, S. 3 f.

39 Vgl. Clifford, James: On Ethnographic Surrealism (1981). In: The Predicament of Culture. Cambridge (Mass.), London 1988, S. 117 f.; Genge 2009, S. 298 f.

40 Vgl. Ciarcia, Gaetano: De la mémoire ethnographique. L'exotisme du pays Dogon. Paris 2003, S. 105. Vgl. Albers, Irene: „Passion Dogon“: Marcel Griaule und Michel Leiris. In: Ausst.-Kat. Black Paris. 2006:, S. 161–179.

41 Vgl. Leiris, Michel: Phantom Afrika. Tagebuch einer Expedition von Dakar nach Djibouti 1931–1933, 2 Bde. Frankfurt a. Main 1985.

42 Vgl. Ciarcia, 2003; Didi-Huberman, Georges: Formlose Ähnlichkeit oder die Fröhliche Wissenschaft des Visuellen nach Georges Bataille (1995). München 2010.

43 Deleuze, Guattari: Mille Plateaux (1980), dt. übers. Tausend Plateaus Berlin 2002, S. 229f.: 7. Das Jahr Null – Die Erschaffung des Gesichts, S. 229f., hier S. 233.

44 Deleuze, Guattari: 2002, S. 242.

45 Vgl. Fabre, Michel: La rive noire. Les écrivains noirs américains à Paris 1830–1995. Marseille 1999.

46 Vgl. Schmeisser, Iris: Transatlantic Crossings between Paris and New York. Pan-Africanism. Cultural Difference and the Arts in the Interwar Years. Heidelberg 2006; Schmeisser, Iris: Koloniale Afrikabilder und ihr Einfluss auf die afroamerikanische Kunst des New Negro Movement. In: Ausst.-Kat. Black Paris 2006, S. 143–153.

47 Du Bois, W. E. B.: Pan-Africa and the New Racial Philosophy. In: Crisis Bd. 40 (November 1933), S. 247; vgl. Edwards 2008, S. 78–103; Edwards, Brent Hayes: The Practice of Diaspora: Literature, Translation, and the Rise of Black Internationalism. Harvard 2003.

48 Locke, Alain (Hg.): The New Negro (1925). New York 1999; Locke, Alain: The Legacy of the Ancestral Arts. In: The New Negro 1999, S. 254–67; Locke, Alain: A collection of Congo Art. In: The Arts Bd. 11 (1927), S. 61–70. Vgl. Barnes, James B.: Alain Locke and the Sense of the African Legacy. In: Alain Locke: Reflections on a Modern Renaissance Man, hg. v. Russell J. Linnemann. Lousiana 1982, S. 100–108; Grossman 2009, S. 38f.

49 Locke, Alain: The Legacy 1999, S. 256.

50 Locke, Alain: A Note on African Art. In: Opportunity (Mai 1924), S. 134.

51 Vgl. Kirschke, Amy Helene; Aaron Douglas: Art, Race, and the Harlem Renaissance. Jackson, Miss. : 1995; Afromodern S. 10, Vgl. Kravagna, Christian: Der Migrant als Katalysator. Winold Reiss und die Harlem Renaissance. In: kritische berichte Bd. 4 (2011), S. 26–36.

52 Vgl. Harney Elizabeth: In Senghor's Shadow: Art, Politics, and the Avantgarde in Senegal, 1960–1995. Durham 2004; Ausst.-Kat. Paris: Léopold Sédar Senghor: Le poète et les peintres. Paris 2006.

53 Vgl. Garscha, Carsten: Négritude/Black Aesthetics/créolité. In: Ästhetische Grundbegriffe, Bd. 4, hg. v. Karlheinz Barck, u. a. Stuttgart, Weimar (2002) 2010, S. 498–537.

54 Vgl. Lebovics, Herman: Mona Lisa's escort. André Malraux and the Reinvention of French Culture. Ithaca 1999; Bahmer, Claudia: Weltkunst. Formpsychologie und Kulturanthroplogie in André Malraux' Kunstschriften. Berlin 2008.

55 „(...) l'ensemble des valeurs de civilisation du monde noir, telles qu'elles s'experiment dans la vie et les œuvres des noirs". Vgl. Senghor, Léopold Sédar: Qu'est-ce que la négritude? (1966). In: Senghor, Liberté. Negritude et civilisation de l'universel. Paris 1977, S. 90. Ähnliche Rassismen tauchen gleichbleibend in dem Text auf, u. a. „Le nègre est l'homme de la nature. L'environnement animal et végétal, foisonnant en Afrique depuis toujours, le climat chaud et humide lui ont donné une très grande sensibilité, que maintes ethnologues ont mise en relief." Vgl. ebd. S. 92. Vgl. Zur Rezeption Gobineaus: Senghor, Léopold Sédar: L'esprit de la civilisation (1966). In: Senghor, Liberté III. Négritude et civilisation de l'universel. Paris 1977, S. 90, S. 92. L'esprit de la civilisation ou les lois de la culture négro africaine. In: Présence africaine Bd. 8 (1956), S. 51–65, hier S. 52. Vgl. Garscha 2010, S. 505 f.; Harney 2004, S. 41 f.

56 Vgl. Senghor, Vue sur l'Afrique noire ou assimiler non pas être assimilés. In: Bd. 1, S. 39–69; Harney 2004, S. 42 f.

57 Vgl. Faure, Elie: Histoire de l'art. Bd. 1, L'art antique (1909), hg. v. Martine Chatelaine-Courtois. Paris 1985; Genge 2009, S. 219 f.; Vgl. Bahmer 2008, S. 103 f.

58 Vgl. Senghor, Léopold Sédar: Qu'est-ce que la Négritude? (1966). In: Liberté III. Négritude et civilisation de l'universel, Paris 1977, S. 90–101, hier S. 93, 94 u. 97. Vgl. Diagne, Souleymane Bachir: Bergson postcolonial. L'élan vital dans la pensée de Léopold Sédar Senghor et de Mohamed Iqbal. Paris 2011. Zur Rezeption Bergsons im Frankreich der Zwischenkriegszeit, vgl. Genge 2009, S. 228 f.; Antliff, Mark: Inventing Bergson. Cultural Politics and the Parisian Avantgarde. Princeton 1993.

59 „La raison européenne est analytique par utilisation, la raison nègre, intuitive par participation." Senghor, Léopold Sédar: L'esthétique négro-africaine (1956). In: Liberté I. Négritude et humanisme, Paris 1964, S. 202–217, hier: S. 203.

60 „(...), l'image négro-africaine n'est donc pas image-equation, mais image-analogie, image surréaliste.(...) Toute représentation est image, et l'image, je le repète, n'est pas équation, mais symbole, ideogramme". Vgl. Senghor: L'esthétique négro-africaine (1956), in: Senghor: Liberté I. Négritude et Humanisme. Paris 1964, S. 203, 210.

61 Vgl. Zum Ringen Malrauxs um eine Kunstpsychologie jenseits der „Einfühlung" vgl. Bahmer, 2008, S. 74.

62 Vgl. Senghor, Léopold Sédar: Les léçons de Léo Frobenius (1973). In: Liberté III. Négritude et civilisation de l'universel, Paris 1977, S. 398–404.

63 Vgl. Frobenius, Leo: L'art africain. In: Cahiers d'art Bd. 5 (1930), S. 395–430, hier S. 399: „La traite des hommes ne fut pourtant jamais une affaire facile à légitimer. Elle exigeait une justification. C'est alors que du nègre on fit une demi-bête, une marchandise. C'est alors que l'on imagina la mot 'fétiche' (féticéiro, un mot portugais) pour en faire le symbole d'une religion africaine. Marque de fabrique européenne! Je n'ai, quant à moi, trouvé nulle part chez les négres africains, de conception fétichiste. Mais l'idée d'un 'négre barbare' est une création européenne qui, par contre coup, a dominé l'Europe jusqu'au début du XXe siécle."

64 Vgl. Kuba, Richard: Leo Frobenius in New York. Felsbilder im Museum of Modern Art. In: Gottowik, Volker; Jebens, Holger; Platte, Editha (Hg.): Zwischen Aneignung und Verfremdung. Ethnologische Gratwanderungen. Festschrift für Karl-Heinz Kohl. Frankfurt, New York 2009, S. 139–155.

65 Vgl. Senghor, Léopold Sédar: Les Lecons de Frobenius (1973). In: Négritude Bd. 3, S. 398–404, hier S. 399. Senghor zitiert wörtlich die o. a. Passage und verweist auf die „Histoire de la civilisation africaine" von Frobenius, insbesondere aber auch auf dessen Theorien zur psychologischen Einfühlung und Intuition, die jene Bergsons bei weitem überträfen.

66 Vgl. Senghor, Léopold Sédar: L'esthétique négro-africaine (1956). In: Liberté I. Négritude et humanisme, Paris 1964, S. 202–217, hier: S. 215.

67 Vgl. Harney 2004, S. 70 f.

68 Vgl. Enwonwu, Ben: Le point de vue de l'Afrique sur l'art et les problèmes qui se posent aujourd'hui aux artistes africaines. In: 1er Festival des Arts nègres, Dakar, 1–24 avril 1966. Colloque Fonction et signification de l'Art nègre dans la vie du peuple et pour le peuple (30 mars–8 avril), Rapports. Paris 1967, Bd. 1, S. 429–438.

69 Vgl. Boisdur de Toffol, Marie Hélène: Cultural Policy in Sénégal. In: An Anthology of African Art. The Twentieth Century, hg. v. N'Gone Fall u. Jean Loup Pivin. New York 2002, S. 230–238, Abb. S. 224.

70 Vgl. Bahmer 2008, S. 74.

71 Malraux, André: Colloque sur l'art nègre. Discours de M. André Malraux, Dakar 30.3.1966. In: Coopération et Développement (Bulletin trimestriel de liaison des Agents de Coopération Technique en Afrique et à Madagascar) Nr. 10 (April/Juni 1966), S. 3–11, hier S. 10, übersetzt d. Verf.

72 Vgl. Ausst.-Kat. New York: The Queens Museum of Art: Global Conceptualism: Points of Origin 1950s–1980s, hg. v. Luis Camnitzer und Jane Farver. New York 1999.

73 Vgl. Harney 2004, S. 105 f. Vgl. Enwezor, Okwui: Where, What, Who, When: A Few Notes on „African Conceptualism". In: Ausst.-Kat. Global Conceptualism 1999, S. 108–117; Ausst.-Kat. Venedig 2001 (Biennale): Authentic/Excentric. Conceptualism in Contemporary African Art, hg. v. Salah M. Hassan und Olu Oguibe. Venedig 2001.

74 Vgl. Bann, Stephen: Jannis Kounellis, London 2003; Bätzner, Nike: Arte povera. Zwischen Erinnerung und Ereignis: Giulio Paolini, Michelangelo Pistoletto, Jannis Kounellis. Nürnberg 2000, S. 175 f.

75 Glissant, Édouard: Poétique de la Relation (1990), engl. übers. Poetics of Relation. Ann Arbor 1997, S. 8.

76 Vgl. Mercer, Kobena: Black Atlantic Abstraction: Aubrey Williams and Frank Bowling. In: Ders. (Hg.): Discrepant Abstraction. Cambridge Mass., London 2006, S. 182–205; Martin, Courtney: The've all got Painting: Frank Bowlings Modernity and the Post-1960 Atlantic. In: Ausst.-Kat. AfroModern. 2010, S. 49–57.

77 Vgl. Genge 2009, S. 227.

78 Rubin, William: Der Primitivismus in der Moderne. Eine Einführung. In: Ders.: Primitivismus in der Kunst des 20. Jahrhunderts. (Engl. 1984) München 1996, S. 1–81, hier: S. 29 f. Zur Kritik an dieser Ausstellung vgl. Küster 2003.

79 Vgl. Ausst.-Kat.: Inklusion: Exklusion. Kunst im Zeitalter von Postkolonialismus und globaler Migration, hg. v. Peter Weibel. Köln 1997, S. 224 f. Vgl. Ulz, Melanie: Slavery, Politics and Reception. Romouald Hazoumé's *La Bouche du Roi*. In: Dies.; Haehnel 2009, S. 253–262.

80 Vgl. Genge, Gabriele: Im Reich der Zeit: Yinka Shonibare und Jean-Honoré Fragonard. In: Hülsen-Esch, Andrea von; Körner, Hans; Reuter, Guido (Hg.): Bilderzählungen. Mediale und modale Bedingungen von Zeitlichkeit im Bild (= Europäische Geschichtsdarstellungen Bd. 4). Köln 2003, S. 179–198; Genge, Gabriele: Die Grand Tour der reisenden Objekte: Performative Strategien in der afrikanischen Gegenwartskunst. In: Karentzos, Alexandra; Kittner, Alma-Elisa; Reuter, Julia (Hg.): Topologien des Reisens. Tourismus Imagination Migration. Trier 2010, S. 168–177 (digitale Textquelle: http://ubt.opus.hbz-nrw.de/volltexte/2010/565/pdf/Topologien_des_Reisens.pdf).

81 Vgl. Ausst.-Kat. Düsseldorf u. a.: Africa Remix. Ostfildern-Ruit 2006, S. 196. Der Künstler war in der Ausstellungssektion „Stadt & Erde" untergebracht. Zur Kri-

tik an jenen neo-kolonialisierenden kuratorischen Vorgaben u. a. vgl. Bourriaud, Nicolas: Radikant. Berlin 2009, S. 25 f.

82 Zum Begriff „relationaler Ästhetik“ vgl. Glissant (1990) 1997. Zu deren kuratorischer Umsetzung in einer neu definierten „Moderne“ vgl. Bourriaud, Nicolas: Altermodern. In: Ausst.-Kat. Tate Modern: Altermodern, hg. v. Nicolas Bourriaud. London 2009, o. S.

83 Vgl. Lips, Julius: The Savage hits back. London/ New Haven 1937. Vgl. Okeke-Agulu, Chika: No Condition is permanent – Nichts bleibt, wie es ist: Kunst und Politik der euro-afrikanischen Begegnung. In: Ausst.-Kat. Berlin 2010: Who knows tomorrow, hg. v. Udo Kittelmann, Chika Okeke-Agulu u. Britta Schmitz. Köln 2010, S. 35–43. Zur jüngsten Einlösung jener „relationalen“ Konzepte mit Bezug auf die Kunstgeschichte Nigerias vgl. Ogbechie, Silvester O.: Ben Enwonwu: The Making of an African Modernist. Rochester 2008.

Literaturverzeichnis

Albers, Irene: „Passion Dogon“: Marcel Griaule und Michel Leiris. In: Ausst.-Kat. Bayreuth u. a.: Black Paris, hg. v. Tobias Wendl u. Barbara von Lintig. Wuppertal 2006, S. 161–179.

Antliff, Mark: Inventing Bergson. Cultural Politics and the Parisian Avantgarde. Princeton 1993.

Antliff, Mark; Leighten, Patricia: „Primitive“. In: Nelson, Robert; Shiff, Richard (Hg.): Critical Terms for Art History. Chicago 1996, S. 170–186.

Apter, Emily; Pietz, William (Hg.): Fetishism as Cultural Discourse. Ithaca, London 1993.

Archer-Straw, Petrine: Negrophilia, Diaspora, and Moments of Crisis. In: Ausst.-Kat. Liverpool Tate Gallery: Afro Modern. Journeys through the Black Atlantic, hg. v. Tanya Barson u. Peter Gorschlüter. Liverpool 2010, S. 27–39.

Archer-Straw, Petrine: Negrophilia: Avant-Garde Paris and Black Culture in the 1920s. New York 2000.

Ausst.-Kat. Bayreuth u. a.: Black Paris, hg. v. Tobias Wendl u. Barbara von Lintig. Wuppertal 2006.

Ausst.-Kat. Berlin Haus der Kulturen der Welt: Der Black Atlantic. Berlin 2004.

Ausst.-Kat. Düsseldorf u. a.: Africa Remix. Ostfildern-Ruit 2006.

Ausst.-Kat. Liverpool Tate Gallery: Afro Modern. Journeys through the Black Atlantic, hg. v. Tanya Barson u. Peter Gorschlüter. Liverpool 2010.

Ausst.-Kat. New York The Queens Museum of Art: Global Conceptualism: Points of Origin 1950s–1980s, hg. v. Luis Camnitzer u. Jane Farver. New York 1999.

Ausst.-Kat. Paris: Léopold Sédar Senghor: Le poète et les peintres. Paris 2006.

Ausst.-Kat. Venedig 2001 (Biennale): Authentic / Ex-centric. Conceptualism in Contemporary African Art, hg. v. Salah M. Hassan u. Olu Oguibe. Venedig 2001.

Ausst.-Kat. Graz: Inklusion: Exklusion. Kunst im Zeitalter von Postkolonialismus und globaler Migration, hg. v. Peter Weibel. Köln 1997.

Bahmer, Claudia: Weltkunst. Formpsychologie und Kulturanthroplogie in André Malraux' Kunstschriften. Berlin 2008.

Bann, Stephen: Jannis Kounellis, London 2003.

Bätzner Nike: Arte povera. Zwischen Erinnerung und Ereignis: Giulio Paolini, Michelangelo Pistoletto, Jannis Kounellis. Nürnberg 2000.

Barnes, James B.: Alain Locke and the Sense of the African Legacy. In: Alain Locke: Reflections on a Modern Renaissance Man, hg. v. Russell J. Linnemann. Lousiana 1982, S. 100–108.

Barson, Tanya: Introduction: Modernism and the Black Atlantic. In: Ausst.-Kat. Liverpool Tate Gallery: Afro Modern. Journeys through the Black Atlantic, hg. v. Tanya Barson u. Peter Gorschlüter. Liverpool 2010, S. 8–25.

Below, Irene; Bismarck, Beatrice von (Hg.): Globalisierung/ Hierarchisierung (=Schriftenreihe des Ulmer Vereins e.V. Bd. 1), Marburg 2005.

Belting, Hans: Das echte Bild. Bildfragen als Glaubensfragen. München 2005.

Bloom, Lisa: Gender on Ice: American Ideologies of Polar Expeditions. Minneapolis 1993.

Bloom, Lisa: True North: Isaac Juliens ästhetische Werte. In: Ausst.-Kat. Hannover Kestner Gesellschaft: Isaac Julien. True North Fantôme Afrique, hg. v. Veit Görner u. Eveline Bernasconi. Ostfildern 2006, S. 36–41.

Böhme, Hartmut (Hg.): Der Code der Leidenschaften. Fetischismus in den Künsten. München 2010.

Böhme, Hartmut: Fetischismus und Kultur. Eine andere Theorie der Moderne. Reinbek 2006.

Boisdur de Toffol, Mariue Hélène: Cultural Policy in Sénégal. In: An Anthology of African Art. The Twentieth Century, hg. v. N'Gone Fall u. Jean Loup Pivin. New York 2002, S. 230–238.

Bourriaud, Nicolas: Altermodern. In Ausst.-Kat. Tate Modern: Altermodern, hg. v. Nicolas Bourriaud. London 2009.

Bourriaud, Nicolas: Radikant. Berlin 2009.

Bredekamp, Horst: Theorie des Bildakts. Berlin 2010.

Busch, Kathrin; Därmann, Iris: Einleitung. In: Dies. (Hg.) „Pathos“. Konturen eines kulturwissenschaftlichen Grundbegriffs. Bielefeld 2007, S. 7–32.

Castro Varela, Marìa do Mar; Dhawan, Nikita; Randeria, Shalini: Postkoloniale Theorie. In: Günzel, Stephan (Hg.): Raumwissenschaften. Frankfurt a. Main 2008, S. 308–323.

Ciarcia, Gaetano: De la mémoire ethnographique. L'exotisme du pays Dogon. Paris 2003.

Clifford, James: On Ethnographic Surrealism (1981). In: The Predicament of Culture. Cambridge (Mass.), London 1988.

Collier, Delinda: Art in a State of Emergency: Figuring Angolan Nationalism 1953–2007. Diss. 2010.

Connelly, Frances: The Sleep of Reason. Primitivism in Modern European Art and Aesthetics, 1725–1907. Philadelphia 1995.

Costa, Sérgio: Vom Nordatlantik zum „Black Atlantic“. Postkoloniale Konfigurationen und Paradoxien transnationaler Politik. Bielefeld 2007.

Därmann, Iris: „Fremde Monde der Vernunft“. Die ethnologische Provokation der Philosophie. München 2005.

Deleuze, Gilles; Guattari, Félix: Mille Plateaux (1980), dt. übers. Tausend Plateaus. Berlin 2002.

Diagne, Souleymane Bachir: Bergson postcolonial. L'élan vital dans la pensée de Léopold Sédar Senghor et de Mohamed Iqbal. Paris 2011.

Didi-Huberman, Georges: Formlose Ähnlichkeit oder die Fröhliche Wissenschaft des Visuellen nach Georges Bataille (1995). München 2010.

Diers, Michael: Nagelmänner. Propaganda mit ephemeren Denkmälern im Ersten Weltkrieg. In: Ders. (Hg.): Monumente, Formen und Funktionen ephemerer Denkmäler. Berlin 1993, S. 113–137.

Du Bois, W. E. B.: Pan-Africa and the New Racial Philosophy. In: Crisis Bd. 40 (November 1933), S. 247 f.

Du Bois, W. E. B.: The Souls of Black Folk (1903). New York 1996.

Dünne, Jörg; Günzel, Stephan: Raumtheorie. Grundlagentexte aus Philosophie und Kulturwissenschaften. Frankfurt a. Main 2006.

Edwards, Brent Hayes: The Practice of Diaspora: Literature, Translation, and the Rise of Black Internationalism. Harvard 2003.

Edwards, Brent Hayes: The Uses of Diaspora. In: Diaspora, Memory Place. David Hammons, Maria Magdalena Campos-Pons, Pamela Z, hg. v. Salah Hassan und Cheryl Finlay. München, Berlin, London, New York 2008, S. 78–103.

Elkins, James: Is Art History Global? New York 2006.

Enwezor, Okwui: Where, What, Who, When: A Few Notes on „African Conceptualism". In: Ausst.-Kat. New York The Queens Museum of Art: Global Conceptualism: Points of Origin 1950s–1980s, hg. v. Luis Camnitzer u. Jane Farver. New York 1999, S. 108–117.

Enwonwu, Ben: Le point de vue de l'Afrique sur l'art et les problèmes qui se posent aujourd'hui aux artistes africaines. In: 1er Festival des Arts nègres, Dakar, 1–24 avril 1966. Colloque Fonction et signification de l'Art nègre dans la vie du peuple et pour le peuple (30 mars-8 avril), Rapports. Paris 1967, Bd. 1, S. 429–438.

Fabre, Michel: La rive noire. Les écrivains noirs américains à Paris 1830–1995. Marseille 1999.

Faure, Elie: Histoire de l'art. Bd. 1, L'art antique (1909), hg. v. Martine Chatelaine-Courtois. Paris 1985.

Fisher, Jean; Mosquera, Gerardo (Hg.): Over here: International Perspectives on Art and Culture. New York 2004.

Frazer, James Georges: Totemism and Exogamy. A Treatise on Certain Early Forms of Superstition and Society, 4 Bde., London 1910.

Frobenius, Leo: L'art africain. In: Cahiers d'art Bd. 5 (1930), S. 395–430.

Garscha, Carsten: Négritude/ Black Aesthetics/ créolité. In: Ästhetische Grundbegriffe, Bd. 4, hg. v. Karlheinz Barc, u. a. Stuttgart, Weimar (2002) 2010, S. 498–537.

Genge, Gabriele: Artefakt Fetisch Skulptur. Aristide Maillol und die Beschreibung des Fremden in der Moderne. München 2009.

Genge, Gabriele: Die Grand Tour der reisenden Objekte: Performative Strategien in der afrikanischen Gegenwartskunst. In: Karentzos, Alexandra; Kittner, Alma-Elisa; Reuter, Julia (Hg.): Topologien des Reisens. Tourismus Imagination Migration. Trier 2010, S. 168–177 (digitale Textquelle: http://ubt.opus.hbz-nrw.de/volltexte/2010/565/pdf/Topologien_des_Reisens.pdf).

Genge, Gabriele: Im Reich der Zeit: Yinka Shonibare und Jean-Honoré Fragonard. In: Hülsen-Esch, Andrea von; Körner, Hans; Reuter Guido (Hg.): Bilderzählungen. Mediale und modale Bedingungen von Zeitlichkeit im Bild (= Europäische Geschichtsdarstellungen Bd. 4). Köln 2003, S. 179–198.

Genge, Gabriele: Kunstgeschichte im Black Atlantic, in: Kristin Marek/Martin Schulz (Hg.), KanonKunstgeschichte, Bd. IV., München 2012 (im Druck).

Genge, Gabriele: Zurück zu den Wurzeln? Die Holzskulpturen der Brücke. In: Die Brücke und der Exotismus. Bilder des Anderen, hg. v. Christoph Wagner u. Ralph Melcher. Berlin 2011, S. 44–56.

Gilroy, Paul: The Black Atlantic: Modernity and Double Consciousness. Cambridge, Mass. 1993.

Glissant, Édouard: Poétique de la Relation (1990), engl. übers. Poetics of Relation. Ann Arbor 1997.

Green, Christopher: 'Naked Problems'? 'Sub-African Caricatures'? Les Demoiselles d'Avignon, Africa and Cubism. In: Ders. (Hg.): Picasso's Les Demoiselles d'Avignon. Cambridge 2001, S. 128–149.

Grossman, Wendy: Man Ray, African Art and the Modernist Lens. Minneapolis 2009.

Günzel, Stephan: Raum – Topographie – Topologie. In: Ders. (Hg.): Topologie. Zur Raumbeschreibung in den Kultur- und Medienwissenschaften. Bielefeld 2007, S. 13–32.

Haehnel, Birgit; Ulz, Melanie (Hg.): Slavery. Approaches to Trauma, Memory and Visuality. Berlin 2009.

Hard, Gerhard: Zu Begriff und Geschichte der Natur in der Geographie des 19. und 20. Jahrhunderts. In: Großklaus, Götz; Eichberg, Henning (Hg.): Natur als Gegenwelt. Beiträge zur Kulturgeschichte der Natur. Karlsruhe 1983, S. 139–167.

Harney, Elizabeth: In Senghor's Shadow: Art, Politics, and the Avantgarde in Senegal, 1960–1995. Durham 2004.

Henson, Matthew: A Black Explorer at the North Pole (1912). Lincoln 1989.

Kirschke, Amy Helene: Aaron Douglas: Art, Race, and the Harlem Renaissance. Jackson, Miss. 1995.

Kneer, Georg; Schroer, Markus; Schüttpelz, Erhard: Bruno Latours Kollektive. Frankfurt a. Main 2008.

Kohl, Karl-Heinz: Die Macht der Dinge. Geschichte und Theorie sakraler Objekte. München 2003.

Kramer, Fritz: Einfühlung. Überlegungen zur Geschichte der Ethnologie im präfaschistischen Deutschland. In: Hauschild, Thomas (Hg.): Lebenslust und Fremdenfurcht. Ethnologie im Dritten Reich. Frankfurt 1995, 85–102.

Kravagna, Christian: Der Migrant als Katalysator. Winold Reiss und die Harlem Renaissance. In: kritische berichte Bd. 4 (2011), S. 26–36.

Kuba, Richard: Leo Frobenius in New York. Felsbilder im Museum of Modern Art. In: Gottowik, Volker; Jebens, Holger; Platte, Editha (Hg.): zwischen Aneignung und Verfremdung. Ethnologische Gratwanderungen. Festschrift für Karl-Heinz Kohl. Frankfurt, New York 2009, S. 139–155.

Küster, Bärbel: Matisse und Picasso als Kulturreisende. Primitivismus und Anthropologie um 1900. Berlin 2003.

Latour, Bruno: Das Parlament der Dinge (1999). Frankfurt a. Main 2001.

Latour, Bruno: Wir sind nie modern gewesen. Versuch einer symmetrischen Anthropologie (1991). Frankfurt a. Main 2008.

Lebovics, Herman: Mona Lisa's Escort. André Malraux and the Reinvention of French Culture. Ithaca 1999.

Leiris, Michel: Phantom Afrika. Tagebuch einer Expedition von Dakar nach Djibouti 1931–1933, 2 Bde. Frankfurt a. Main 1985.

Lips, Julius: The Savage hits back. London/ New Haven 1937.

Locke, Alain (Hg.): The New Negro (1925). New York 1999.

Locke, Alain: A collection of Congo Art. In: The Arts Bd. 11 (1927), S. 61–70.

Locke, Alain: A Note on African Art. In: Opportunity (Mai 1924), S. 134 f.

Locke, Alain: The Legacy of the Ancestral Arts. In: The New Negro 1999, S. 254–267.

Lopez, Odoardo: Relatione del Reame di Congo et delle Circonvicine Contrada. Roma 1591.

Lott, Eric: Love and Theft: Blackface Minstrelsy and the American Working Class. New York 1993.

Malraux, André: Colloque sur l'art nègre. Discours de M. André Malraux, Dakar 30.3. 1966. In: Coopération et Développement (Bulletin trimestriel de liaison des Agents de Coopération Technique en Afrique et à Madagascar) Nr. 10 (April/ Juni 1966), S. 3–11.

Martin, Courtney: The've all got Painting: Frank Bowlings Modernity and the Post-1960 Atlantic. In: Ausst.-Kat. Liverpool Tate Gallery: Afro Modern. Journeys through the Black Atlantic, hg. v. Tanya Barson u. Peter Gorschlüter. Liverpool 2010, S. 49–57.

Mauss, Marcel; Hubert, Henri: Esquisse d'une théorie générale de la magie. Paris 1902.

Mercer, Kobena. Introduction. In: Ders. (Hg.): Exiles, Diasporas & Strangers (= Annotating Art's Histories: Cross-Cultural Perspectives in Visual Arts). London 2007, S. 6–27.

Mercer, Kobena: Black Atlantic Abstraction: Aubrey Williams and Frank Bowling. In: Ders. (Hg.): Discrepant Abstraction. Cambridge Mass., London 2006, S. 182–205.

Miller, Christopher L.: Blank Darkness. Africanist Discourse in French. Chicago u. a. 1985.

Mitchell, William J.T.: What do Pictures want? The lives and Loves of Images. Chicago, London 2005.

Ogbechie, Silvester O.: Ben Enwonwu: The Making of an African Modernist. Rochester 2008.

Okeke-Agulu, Chika: No Condition is permanent – Nichts bleibt, wie es ist: Kunst und Politik der euro-afrikanischen Begegnung. In: Ausst.-Kat. Berlin 2010: Who knows tomorrow, hg. v. Udo Kittelmann, Chika Okeke-Agulu u. Britta Schmitz. Köln 2010, S. 35–43.

Onians, John: Compression versus Expression. Containing and Explaining the World's Art. Clark Studies in the Visual Arts. New Haven/London 2006.

Osthaus, Gertrud: Das Museum Folkwang in Hagen, in: Kölnische Zeitung, 10.8.1913.

Osthaus, Karl Ernst: „Die Kunst und der Eiserne Schmied in Hagen" (1915). Wiederabgedr. in: Osthaus, Karl Ernst: Reden und Schriften, hg. u. komm. v. Rainer Stamm. Köln 2002.

Palme, Heide: Spiegelfetische im Kongoraum und ihre Beziehung zu christlichen Reliquiaren. Wien 1977.

Pfisterer, Ulrich; Zimmermann, Anja (Hg.): Animationen – Transgressionen. Das Kunstwerk als Lebewesen. Berlin 2005.

Rubin, William: Der Primitivismus in der Moderne. Eine Einführung. In: Ausst.-Kat. New York: Primitivismus in der Kunst des 20. Jahrhunderts, hg. v. William Rubin (engl. 1984). München 1996, S. 1–81.

Schmeisser, Iris: Koloniale Afrikabilder und ihr Einfluss auf die afroamerikanische Kunst des New Negro Movement. In: Ausst.-Kat. Bayreuth u. a.: Black

Paris, hg. v. Tobias Wendl u. Barbara von Lintig. Wuppertal 2006, S. 143–153.

Schmeisser, Iris: Transatlantic Crossings between Paris and New York Pan-Africanism. Cultural Difference and the Arts in the Interwar Years. Heidelberg 2006.

Schmidt-Linsenhoff, Viktoria: Postkolonialismus (Kunst und Politik. Jahrbuch der Guernica--esellschaft Bd. 4). Osnabrück 2002.

Senghor, Léopold Sédar: Francité et négritude (1963). In: Liberté III. Négritude et civilisation de l'universel, Paris 1977, S. 18–22.

Senghor, Léopold Sédar: Le problème culturel en A.O.F. (1937). In: Liberté I. Négritude et humanisme, Paris 1964, S. 11–21.

Senghor, Léopold Sédar: Les léçons de Léo Frobenius (1973). In: Liberté III. Négritude et civilisation de l'universel, Paris 1977, S. 398–404.

Senghor, Léopold Sédar: L'esprit de la civilization ou les lois de la culture négro-africaine. In: Présence africaine Bd. 8 (1956), S. 51–65.

Senghor, Léopold Sédar: L'esthétique négro-africaine (1956). In: Liberté I. Négritude et humanisme, Paris 1964, S. 202–217.

Senghor, Léopold Sédar: Qu'est-ce que la Négritude? (1966). In: Liberté III. Négritude et civilisation de l'universel, Paris 1977, S. 90–101.

Senghor, Léopold: Vue sur l'Afrique noire ou assimiler non pas être assimilés. In: Liberté I. Négritude et humanisme, Paris 1964, S. 39–69.

Smith, Terry: Introduction: The Contemporaneity Question. In: Condee, Nancy; Enwezor, Okwui; Smith, Terry (Hg.): Antinomies of Art and Culture. Modernity, Postmodernity, Contemporaneity. Durham, London 2008, S. 1–19.

Stamm, Rainer: Weltkunst und Moderne. In: „Das schönste Museum der Welt". Museum Folkwang bis 1933. Essays zur Geschichte des Museums Folkwang (=Folkwang Texte, Bd. 1). Göttingen 2010, S. 27–46.

Stoichiţă, Victor Ieronim: L' effet Pygmalion. Pour une anthropologie historique des simulacres Genève 2008.

Ulz, Melanie: Slavery, Politics and Reception. Romouald Hazoumé's La Bouche du Roi. In: Haehnel, Birgit; Ulz, Melanie (Hg.): Slavery. Approaches to Trauma, Memory and Visuality. Berlin 2009, S. 253–262.

Walker, Ian: Out of Phantom Africa: Michel Leiris, Man Ray and the Dogon. In: Grossman, Wendy (Hg.): Man Ray, African Art and the Modernist Lens. Minneapolis 2009, S. 113–125.

Wendl, Tobias; Lintig, Barbara von: Das schwarze Paris. In: Ausst.-Kat. Bayreuth u. a. 2006: Black Paris, hg. v. Tobias Wendl u. Barbara von Lintig. Wuppertal 2006, S. 15–36.

Zijlmans, Kitty; van Damme, Wilfried (Hg.): World Arts Studies: Exploring Concepts and Approaches. Amsterdam 2008.

Bildnachweise

1. Isaac Julien, True North Series, 2004, Detail aus Triptychon von Digital - drucken, je 100×100 cm. Zit. n. Ausst.-Kat. Hannover Kestner Gesellschaft: Isaac Julien. True North Fantôme Afrique, hg. v. Veit Görner u. Eveline Bernasconi, Ostfildern 2006, S. 26/27
2. Isaac Julien, True North Series, 2004, Digitaldruck 100×100 cm. Zit. n. Ausst.-Kat. Hannover Kestner Gesellschaft: Isaac Julien. True North Fantôme Afrique, hg. v. Veit Görner u. Eveline Bernasconi, Ostfildern 2006, S. 36
3. Isaac Julien, True North Series, 2004, Digitaldruck, 100×100 cm. Zit. n. Ausst.-Kat. Hannover Kestner Gesellschaft: Isaac Julien. True North Fantôme Afrique, hg. v. Veit Görner u. Eveline Bernasconi, Ostfildern 2006, S. 31
4. Caspar David Friedrich: Das Eismeer, um 1823/1824, Öl auf Leinwand, 96,7×126,9 cm, Hamburger Kunsthalle. Zit. n. Helmut Börsch-Supan, Caspar David Friedrich, München 2005, S. 145
5. Waldemar Titzenthaler: Fritz Lang, Filmregisseur und Thea von Harbou, Autorin; Berlin Schmargendorf, Hohenzollerndamm 52, Arbeits- und Billardzimmer mit Bibliothek, 1924. Zit. n: Enno Kaufhold, Berliner Interieurs 1910–1930. Photographien von Waldemar Titzenthaler, Berlin 1999, S. 100, Abb. Taf. Nr. 61
6. Ernst Ludwig Kirchner: Eiserner Schmied. Der Schmied von Hagen, Modell I, Entwurf für eine Kriegs-Nagel-Figur, 1915, Holz, 61,5×18,5 cm, Hamburger Kunsthalle. Zit. n. Wolfgang Henze, Die Plastik Ernst Ludwig Kirchners. Monographie mit Werkverzeichnis (zugl. Ausst. Kat. Davos 2002 u. Suttgart 2003), Bern 2002, Kat. 1915/02, Abb. S. 173
7. Man Ray: Noire et Blanche, 1926, Silbergelatineabzug, 21,9×29,4 cm. Zit. n. Emmanuelle de l'Ecotais u. Alain Sayag (Hg.), Man Ray. Das photographische Werk, München u. a. 1998, S.12

8. Marcel Griaule, Dogon-Maske mit Brustgurt, vor 1930, Pflanzenfasern, Kaurischnecken, Früchte des Affenbrotbaums, Paris, Musée du Quai Branly. Zit. n. Leiris, Michel: Phantom Afrika (1934), Bd. 1. Frankfurt a. Main 1980, o. S.
9. James L. Allen: Porträt von James Lesesne Wells, um 1930, (Kuba-head shaped cup, *mbwoong ntey*, Demokratische Republik Kongo) Silbergelatineprint, 20,3 × 15,2 cm, Alain Locke Papers/ Moorland-Spingarn Research Center, Howard. Zit. n. Grossman, Wendy: Man Ray, African Art and the Modernist Lens. Minneapolis 2009, S. 41
10. Aaron Douglas: Into Bondage, 1936, Öl auf Leinwand, 153,4 × 153,7 cm, Collection of Corcoran Gallery of Art Washington, DC. Zit. n. Tanya Barson (Hg.): Afro Modern: Journeys Through the Black Atlantic, Liverpool 2010, S.11
11. Papa Ibra Tall: Couple Royale, 1965, wool tapestry, 222 × 155 cm. Zit. n. N'Gone Fall u. Jean Loup Pivin (Hg.), An Anthology of African Art. The Twentieth Century, New York 2002, S. 233
12. Ausstellungsplakat: Premier Festival mondial des arts nègres, Dakar 1966. Zit. n. N'Gone Fall u. Jean Loup Pivin (Hg.), An Anthology of African Art. The Twentieth Century, New York 2002, S. 220, Abb. 2
13. Musée Dynamique, Dakar, 1966, Fotografie. Zit. n. N'Gone Fall u. Jean Loup Pivin (Hg.), An Anthology of African Art. The Twentieth Century, New York 2002, S. 221, Abb. 4
14. Issa Samb, La Cour, Dakar 2008, Foto: Gabriele Genge
15. Frank Bowling, Bowlings Variety Store, 1966, Acryl auf Leinwand, 47,5 × 31 inch. Zit. n. Tanya Barson (Hg.): Afro Modern: Journeys Through the Black Atlantic. Liverpool 2010, S. 52
16. Romouald Hazoumé, Masque Bidon, 1992. Zit. n. Fillitz, Thomas: Zeitgenössische Kunst aus Afrika. 14 Gegenwartskünstler aus Côte d'Ivoire und Bénin. Wien Köln Weimar 2002, S. 372

17. Pascale Marthine Tayou: Colonial Erection, 2010, 54 flags, 6 resin sculptures: Les Flaneurs de Berlin, Courtesy: Nationalgalerie, SMB and GALLERIA CONTINUA, San Gimignano/Beijing/Le Moulin, Photo: Jens Ziehe, Berlin
18. Colon-Figur, Darstellung eines Lehrers, 20. Jh., Yoruba, Holz, 32×10 cm, Josef Späth, Augsburg. Zit. n. Ausst. Kat. Kulte, Künstler, Könige in Afrika – Tradition und Moderne in Südnigeria, OÖ. Landesmuseum, hg. v. Stefan Eisenhofer, Linz 1997, S. 40

In der Reihe *Düsseldorfer Kunsthistorische Schriften* sind bisher erschienen:

Band 1: Hans Körner, Statuenliebe in St. Peter. Rompilger und Romtouristen vor Guglielmo della Portas Grabmal für Paul III.

Band 2: Hans Körner und Manja Wilkens, Johanna Ey als Spanierin

Band 3: Roland Kanz, Malerei als Augenschmaus. Der gute Geschmack und die Allianz der Sinne in der Kunst des Barock

Band 4: Guido Reuter, Am Scheideweg der Hekate – Die Hekate-Bilder Ernst Wilhelm Nays

Band 5: Jürgen Wiener, Die Macht des Maßwerks – Die Erfindung der Hochgotik durch das Ornament

Band 6: Andrea von Hülsen-Esch, Mittelalterphantasien zwischen Himmel und Hölle. Über die Bühnenbilder der Grand Opéra

Band 7: Manja Wilkens, Die Galerie der deutschen Bundeskanzler

Band 8: Jürgen Wiener, Gefühlte Geschichte und lebendige Zeitkunst. Zur Topik des westdeutschen Kirchenbaus der Weimarer Republik

Band 9: Hans Körner, Dekorative Fesseln. Die grotesken Satyrn und ihre Nachfolger

Band 10: Michael Overdick, Tizian – Die späten Porträts 1545–1568